"十三五"国家重点图书出版规划项目　　教师教育精品教材 | 特殊教育专业系列

手语基础教程 微课版

| 第二版 |

主编／郑　璇

SPECIAL

EDUCATION

华东师范大学出版社
·上海·

图书在版编目(CIP)数据

手语基础教程/郑璇主编.—2版.—上海：华东师范大学出版社,2024.—ISBN 978-7-5760-4928-2

Ⅰ.H026.3

中国国家版本馆CIP数据核字第202445D93S号

手语基础教程(第二版)

主　　编　郑　璇
责任编辑　范美琳
责任校对　江小华
装帧设计　俞　越

出版发行　华东师范大学出版社
社　　址　上海市中山北路3663号　邮编 200062
网　　址　www.ecnupress.com.cn
电　　话　021-60821666　行政传真 021-62572105
客服电话　021-62865537　门市(邮购)电话 021-62869887
地　　址　上海市中山北路3663号华东师范大学校内先锋路口
网　　店　http://hdsdcbs.tmall.com

印 刷 者　南通印刷总厂有限公司
开　　本　787毫米×1092毫米　1/16
印　　张　18.25
字　　数　361千字
版　　次　2025年4月第2版
印　　次　2025年4月第1次
书　　号　ISBN 978-7-5760-4928-2
定　　价　54.00元

出版人　王　焰

(如发现本版图书有印订质量问题,请寄回本社客服中心调换或电话021-62865537联系)

本书编写团队

主编
郑 璇

编委会成员
吴晓波　崔亚冲　梁玉音　刘　萍　田　野　孙　迪
黄燕婷　王　彦　曹宇霏　裘　旦　徐　嘉　赵　莉

项目统筹
梁玉音　田　野　周　博

手语模特
周梦婷　李　松　李奇韦　兰　惠　裘　旦

手语指导
刘　萍

摄像指导
王祖宏

摄像
黄　焱　李奇韦　吴周洋　崔忠铭　王　源　谭　韵

后期制作
宋树唯　张贤海　崔忠铭　裘　旦　周玥桦　陈润哲　余新歌
申咏秋　吕敏康　张斐然　邓朝梦月　李萌琦　刘俊霞
张沥文　王志豪　宋文婷　赖文丹　江沙扬

视觉设计
王　源

校对
孙　迪　黄燕婷　杜明宇　陈丽媛　徐　嘉　崔忠铭

第二版前言

自人类文明诞生之初，语言就成为了我们沟通与交流的桥梁。对于聋人朋友来说，手语是他们与外界交流的主要方式，是他们表达自我、感知世界、融入社会的重要工具。诚如我国台湾地区的林宝贵教授所言，听力健全人学习手语，学会多少并不重要，重要的是通过这个过程加深与聋听人士之间的彼此认同感。因此，在这个多元化的时代，在全社会推广和普及手语，从而促进整个社会对聋人群体的理解和尊重，其重要性不言而喻。

《手语基础教程》是一本面向手语零基础读者的入门教材。自2015年本书第一版面世以来，我们收获了来自各界的高度评价与热烈欢迎。令人欣喜的是，这本教材被20多所高等院校选用，作为正式教材或重要参考书，其中不乏高校手语翻译专业，而且多次加印，这是对我们工作的极大肯定，也让我们深感荣幸。在此，我们要向所有信任和支持我们的读者表示衷心的感谢，是你们的信任和支持推动我们不断前行。

时代在发展，手语也在演变，尤其是2018年《国家通用手语方案》问世后，原有的《中国手语》工具书便退出历史舞台。因此，为了保持教材的时效性和准确性，我们决定对本教材进行修订，完善内容，更新方法，使其更好地匹配学习者的需求。本次修订的重点是与最新的《国家通用手语方案》进行对接，确保所有手语表达都符合当前的标准和规范。此外，我们也对教材中所有的示范视频重新进行了拍摄，以更加清晰、准确地展示每一个手语动作。

手语不仅是一种沟通工具，更是一种文化的传承。希望这次修订，能让更多的人规范、高效地掌握国家通用手语，为聋人群体与整个社会的无障碍交流贡献一份力量。

再次感谢所有支持我们的读者，愿这本修订后的教材能够成为你们学习手语、理解聋人群体的良师益友。

郑 璇

2024年12月10日于北京师范大学英东楼

序

聋人是语言和文化的少数群体,聋人所使用的主要交际工具——手语,是一种视觉空间语言,也是他们在最自然的状态下习得的"第一语言"。聋人对手语有着强烈的学习兴趣和深厚的感情。作为一种独特的交际工具和思维工具,手语可以大大促进聋童的思维与认知发展,同时,它也是聋人的身份标记,是聋人群体内部彼此联结的纽带。即使对于佩戴助听器或者人工耳蜗,一直在听人社会中生存的口语听障者,学习手语也具有重要的意义,可以让他们多一种沟通手段,寻找到自己的身份认同感。

对于健听人来说,学习手语,消除聋、听之间的交流障碍,不仅有利于与聋、听两个世界的顺畅沟通与和谐关系的构建,还可以为聋人营造无障碍环境,让聋人拥有平等参与的感受。对高校特殊教育专业的大学生来说,手语更是今后工作中的必备技能,是走进聋生心灵的桥梁,是打开他们心门的"钥匙"。因此,学好手语的重要性不言而喻。

本书的主编郑璇是我国自主培养的第一位聋人语言学博士。她自幼失聪,经过家庭语言康复训练获得了良好的口语能力,上大学后又自学手语,逐步融入了聋人社群。读博期间,她师从我国手语语言学的开拓者——复旦大学中文系龚群虎教授,以手语语言学作为自己研究的主攻方向。毕业后,她投身特殊教育事业,短短几年便收获了丰硕的学术成果,成为教授、博士生导师。作为聋人学者,她的声音无疑在聋教育界具有相当的分量。

《手语基础教程》是郑璇主编的第一本手语教材。本书的创新之处主要有以下几点:

第一,本书的编写团队来自全国各地,均为精通手语的优秀聋人,其中不乏高校教师。书中的手语模特也全部由聋人担任。

第二,本书尊重聋人手语的本来面目,对手语的语音、语汇和语法系统进行了较为忠实的记录和描写,尤其是初次尝试揭示自然手语的语法规律,这在国内同类教材中尚属首例。

第三,本书作为语言学习教材,拥有一套完整的体系,其中,每章的"手语语言学"和"聋人文化"两个部分互相呼应、紧密结合,是一大亮点,使本书既具有高度的理论性,又具有很强的可操作性。

第四,本书关注到了不少细节,如在手指字母的教学中加入"记忆诀窍",在词语和句子部分的教学中加入"补充说明"和"学习提示"等,非常人性化,便于初学者学习。

手语语言学的研究在中国刚刚起步，研究手语、宣传手语、普及手语，是关乎聋人切身利益的大事，亟须像本书作者这样的聋人学者参与。本书不仅是一本好的手语教材，也是一本面向广大师生与残疾人工作者介绍聋人群体和聋人语言文化的入门之作。在此，我很高兴地向读者推荐。

张宁生

辽宁师范大学教授、博士生导师

目 录

导　言　手语概说 ·· 1
　　第一节　走进无声世界 ································ 1
　　第二节　手语是什么 ···································· 5
　　第三节　学习前的准备 ································ 9

第一章　人际交往 ·· 17
　　第一节　手语语言学专题——指拼
　　　　　　 ··· 17
　　第二节　词语学习 ·· 32
　　第三节　句子学习 ·· 48
　　第四节　会话学习 ·· 51
　　第五节　聋人文化专题——手语名字
　　　　　　 ··· 52

第二章　家庭 ·· 54
　　第一节　手语语言学专题——中国手语与手势汉语
　　　　　　 ··· 54
　　第二节　词语学习 ·· 56
　　第三节　句子学习 ·· 72
　　第四节　会话学习 ·· 75
　　第五节　聋人文化专题——Deaf、deaf 和 CODA
　　　　　　 ··· 76

微课视频资源

▶ 视频1　手语语言学专题——指拼 / 20

▶ 视频2　词语学习 / 32

▶ 视频3　句子学习 / 48

▶ 视频4　会话学习 / 51

▶ 视频5　词语学习 / 56

▶ 视频6　句子学习 / 72

▶ 视频7　会话学习 / 75

第三章　日常生活 ·············· **78**

第一节　手语语言学专题——手语三要素
·············· 78

第二节　词语学习 ·············· 80

第三节　句子学习 ·············· 96

第四节　会话学习 ·············· 98

第五节　聋人文化专题——聋人的交流方式
·············· 99

▶ 视频8　词语学习 / 80

▶ 视频9　句子学习 / 96

▶ 视频10　会话学习 / 98

第四章　自然界 ·············· **101**

第一节　手语语言学专题——手语的象似性
·············· 101

第二节　词语学习 ·············· 104

第三节　句子学习 ·············· 121

第四节　会话学习 ·············· 124

第五节　聋人文化专题——聋人的生活方式
·············· 125

▶ 视频11　词语学习 / 104

▶ 视频12　句子学习 / 121

▶ 视频13　会话学习 / 124

第五章　事物属性 ·············· **127**

第一节　手语语言学专题——非手控特征
·············· 127

第二节　词语学习 ·············· 129

第三节　句子学习 ·············· 142

第四节　会话学习 ·············· 144

第五节　聋人文化专题——聋人常用的辅具
·············· 145

▶ 视频14　词语学习 / 129

▶ 视频15　句子学习 / 142

▶ 视频16　会话学习 / 144

第六章　校园时光 ·············· **147**

第一节　手语语言学专题——手语对汉语的

微课视频资源

　　　　　　借用 …………………………… 147
　　第二节　词语学习 ……………………… 151
　　第三节　句子学习 ……………………… 167
　　第四节　会话学习 ……………………… 170
　　第五节　聋人文化专题——和聋人有关的
　　　　　　故事及笑话 …………………… 172

第七章　交通出行 ……………………… **174**
　　第一节　手语语言学专题——手语的空间性
　　　　　　………………………………… 174
　　第二节　词语学习 ……………………… 178
　　第三节　句子学习 ……………………… 194
　　第四节　会话学习 ……………………… 196
　　第五节　聋人文化专题——手语艺术 … 198

第八章　心理情感 ……………………… **200**
　　第一节　手语语言学专题——类标记 … 200
　　第二节　词语学习 ……………………… 202
　　第三节　句子学习 ……………………… 217
　　第四节　会话学习 ……………………… 219
　　第五节　聋人文化专题——聋教育史与
　　　　　　"口手之争" …………………… 221

第九章　医疗健康 ……………………… **223**
　　第一节　手语语言学专题——手语的语法特点
　　　　　　………………………………… 223
　　第二节　词语学习 ……………………… 228
　　第三节　句子学习 ……………………… 242
　　第四节　会话学习 ……………………… 244

▶ 微课视频资源

▶ 视频17　词语学习 / 151
▶ 视频18　句子学习 / 167
▶ 视频19　会话学习 / 170

▶ 视频20　词语学习 / 178
▶ 视频21　句子学习 / 194
▶ 视频22　会话学习 / 196

▶ 视频23　词语学习 / 202
▶ 视频24　句子学习 / 217
▶ 视频25　会话学习 / 219

▶ 视频26　词语学习 / 228
▶ 视频27　句子学习 / 242
▶ 视频28　会话学习 / 244

第五节　聋人文化专题——聋人就业难 …………………………………… 246

第十章　无声世界 …………………… **248**

第一节　手语语言学专题——手语能表达抽象概念吗 …………… 248

第二节　词语学习 …………………… 250

第三节　句子学习 …………………… 266

第四节　会话学习 …………………… 269

第五节　聋人文化专题——灿若群星的优秀聋人 …………………… 271

附录　手势动作线图解符号 ………… **273**

　　　中国手语的汉语转写方案 ……… 275

主要参考文献 ………………………… **278**

微课视频资源

▶ 视频29　词语学习 / 250

▶ 视频30　句子学习 / 266

▶ 视频31　会话学习 / 269

导言
手语概说

第一节　走进无声世界

聋是一种"隐性残障"。聋人看起来四肢健全,头脑聪敏,只要不与人交流,谁也看不出他和常人有什么不同。听力障碍本身并不是聋人的真正困扰所在。在身体外观健全的表象之下,聋人真正的障碍——语言交流障碍经常会被人们忘却和忽略。恰如海伦·凯勒的那句名言:"盲隔离了人与物,聋隔离了人与人。"

设想这样一个场景:对手语一无所知的你遇到了一位聋人朋友。他举起双手向你致意,舞动十指和你"说话",你能从表情中读懂他的善意,却无法看懂那种独特的语言——一种由一个个手势组成的视觉语言。你只好尴尬地朝他微笑、点头、抱拳、挥手。此时,你的感受是什么?你是否懊恼自己没有机会学习和掌握这门语言,导致无法和对方沟通?如果正好有机会看到手语翻译员自如地和聋人朋友"聊天"交流,而你却不知道他们在聊什么,你会不会想要试着了解这门语言?

手语是聋人群体使用的主要沟通语言之一。虽然我国有着庞大的聋人群体,但同听力健全人(以下简称"听人")相比,聋人毕竟属于"少数派"。2010年,世界聋教育大会在加拿大温哥华举行,这次大会将聋人描述为"语言和文化的少数群体"。从这个意义上讲,聋人虽不是"外国人",但生活在健听群体之中,交流常常受阻,往往会有孤独和被隔离的感受。如果没有得到良好的无障碍沟通支持,这些形形色色的负面感受会极大地影响聋人的社会参与和心理健康。

语言是文化的载体和核心,语言沟通的品质决定了人们的生活品质。当前,我国聋听两个群体之间依旧存在着较为突出的语言交流障碍,缺少充分而深入的沟通和互动。聋人——这个生活在无声世界里的群体,远远谈不上被大众真正熟悉和了解。这是一个长期被误解的群体。

走近他们,让我们从学习手语开始。

一、什么是聋人

聋人,也可称为听力残疾人、听力障碍者、听障者等,指因遗传或后天因素而导致听觉受损,从而影响正常沟通和社会交往的人。根据第六次全国人口普查及第二次全国残疾人抽样调查的数据,我们可以推算出截至2010年末,我国残疾人总人数已达8502万,其中听力残疾人有2054万。由此可见,聋人是一个十分庞大的群体。

造成耳聋的原因是多种多样的,如基因突变、药物中毒、高烧、中耳炎、外伤、噪声等。按听力损伤的部位分类,可分为传导性聋、感音性聋和混合性聋;按失聪时间则可分为先天性聋和后天性聋。按我国的听力残疾评定标准,较好耳平均听力损失大于或等于91分贝的,称为一级聋;在81到90分贝之间的,称为二级聋;在61到80分贝之间的,称为三级聋;在41到60分贝之间的,称为四级聋。一般来说,三、四级聋不会对日常沟通造成太大的困扰,而一、二级聋的交流障碍则严重得多,如果没有听力辅助设备,聋人将很难进行正常的口语沟通。使用手语的也以这部分聋人为多。

听觉是人们接受外界刺激的重要渠道之一,如果幼年时失聪,尤其是在语言发展关键期前或期间失聪,势必会对个体的语言、认知、社会交往等方面产生一系列负面影响。即使是成年后失聪,个体在生活、事业和社交上也仍会遭遇许多困难。因此,人人都应注重听力保健,尤其是对聋童来说,早期发现和早期干预极为重要。尽管大部分耳聋在目前的医疗条件下尚无法治愈,但佩戴合适的助听器或人工耳蜗可以有效地补偿和重建听力,对改善沟通障碍也能起到一定的促进作用。

随着医疗水平的发展和科学技术的进步,越来越多的聋童得以接受听觉口语康复训练,获得一定的口语能力,进而进入普通学校读书。这部分聋人一般很少有机会接触到手语,也不了解聋人文化和聋人社群。所以,这些口语使用者和其他使用手语的聋人在交流方式、心理特征乃至身份认同上都存在差异。国际上一般将这些在普通学校读书,使用助听器或人工耳蜗,以口语为主要交流工具的聋人称为"重听人"(hard-of-hearing people),将"聋"和"重听"并举。这已经不是医学意义上的区分了,而是社会文化意义上的区分。"世界聋人联盟"和"国际重听人联盟"就是基于这个标准来进行分类的。

值得说明的是,重听人并不一定与手语"无缘"。即使是使用口语的聋人,也可以学习一些手语,拓展信息沟通渠道和交际圈。所以说,成为"双语者"对个人发展有益无害。

二、"听得见"不等于"听得清"

不熟悉聋人的人通常以为聋人的世界是一片死寂,什么声音都听不到。媒体上也常常使用"无声世界"这样的词语来形容他们的世界。但实际情形并非如此,绝大多数的聋人是有或有部分的残余听力的。因此,许多聋人喜欢将助听器和手机通过蓝牙相连来欣赏音乐,或把耳朵凑近电脑音箱,凭借残余听力来聆听音乐,这并不奇怪。

就算是我们通常所说的"全聋",也不意味着完全听不到声音,因为从医学上说,轻度聋、重度聋、极重度聋、全聋等,只是对听力损失数值的相对分类,即使是全聋,也不一定意味着完全失去了对声音的感知能力。只要音量足够大,大多数聋人一般都能感觉得到。有时生活中出现打雷、爆炸、高音喇叭声等巨响时,聋人也会吓一跳。

有些听力健全人在与聋人交往时,喜欢以拍手、敲桌子、在聋人背后大喊大叫等不太礼貌的方式"测试"对方的听力损失究竟如何。他们常常觉得很疑惑:为什么聋人有时对拍手和敲门的声音有反应,但却听不懂我说话?为什么我在背后叫名字他能听见,但我讲一件事情,他却没法明白我在说什么?

这是因为"听"有三个层次:听得见、听得清、听得懂。其中,听得见是最低一级的,听得清较听得见来说更为困难,而听得懂的难度是最高的。有时候,聋人的听力曲线图呈现出高频陡降的特点,对于雷声、敲门声、狗叫声这样的低频声音容易感知,但对人说话的声音就无能为力。还有时候,聋人可能只是勉强能听到你的说话声,刚好能抓住几个关键词,但却不明白整句话的意思。因此,听得见并不意味着聋人在沟通中没有障碍,我们不能仅仅用"你听到了吗"来询问聋人,还应该关注他们能否听得清、能否听得懂。

三、辅听设备并不能解决一切问题

许多人认为,就像眼睛近视了需要戴眼镜一样,耳朵听不见了,买个助听器佩戴上就能听得见。许多聋童家长甚至把助听器和人工耳蜗看作是救命稻草,怀着极高的期望,花费巨资给孩子购买,而当他们后来发现孩子依然存在交流障碍,没有达到预想成效时,又会非常失落。

实际上,无论是助听器还是人工耳蜗,都有很高的技术含量,它们不是简单的"声音放大器",我们在选购辅听设备的时候,绝不是走进商店简单地刷卡购买就万事大吉。就像视力不好的人配眼镜需要验光一样,聋人选购辅听设备时也必须咨询专业的听力师,进行听力测试,根据自身独特的听力曲线图进行细致地验配和反复调试,购买后,还要定期对助听器进行保养和调机,以保证最佳的助听效果。

通过辅听设备转换的声音相对原音来说多多少少都有所变形。因此,即使在助听器和人工耳蜗效果非常理想的情况下，聋人的耳朵也不可能像健听人一样好用。比如在嘈杂的环境里、和陌生人说话、多人同时发言、和方言口音重的健听人沟通时，聋人即使戴着辅听设备，也无法听懂对方在说些什么。因此，看唇、使用手语和笔谈等视觉策略对聋人来说是非常重要的补充手段。

最重要的一点是，辅听设备只能帮助聋人听到和分辨更多声音，无法彻底解决聋人的语言表达问题。聋童要想学会说话，除了有辅听设备的帮助之外，科学专业的口语训练方法和持之以恒的训练也是必不可少的。

四、聋人学汉语困难重重

对听力健全的人来说，语言的习得在出生后就自然而然地开始了，一个三四岁的孩子已经基本掌握了他的母语，能说许多复杂的句子，甚至能讲述一个较为复杂的事件。六七岁进入小学时，他能接受语文教学，将早就学会的口语和文字建立联系，学习书面语。然而，对聋童来说情况却大不相同。

据统计，超过 90% 的聋童的父母听力正常。可想而知，这些健听人父母自己不会手语，对听力障碍也缺乏了解，往往不知该如何与孩子交流。许多父母会把孩子送到听力言语康复中心去学说话，但是，并不是所有的聋童都能获得令人满意的康复效果。不少孩子花了几年工夫学会了叫"爸爸妈妈"，能说出自己的姓名和年龄，但根本无法像同龄孩子一样，使用丰富的词汇造出各种各样的句子，他们习得的有声语言是零散的、片断性的，远远没有发展出和年龄匹配的语言能力。进入聋校之后，他们的书面语学习也不像普通孩子那样容易。老师们常会觉得，这些孩子缺乏语言基础，语文课上起来特别难。通过多年的课堂教学，他们才逐渐真正完成书面语的学习。但直到中学毕业，甚至是大学毕业，许多聋人学生也仍无法熟练掌握书面语技能，写出通顺的语句。

可见，聋童学习汉语和健听孩子学汉语的过程有着本质差异。明白了这一点，我们就不难理解：为什么许多成年聋人不爱阅读，只爱看图画和视频？为什么许多聋人写汉语句子的时候会"颠三倒四"，读起来别扭奇怪？为什么许多聋人朋友觉得心里有话但很难写出来，宁可用手语来表达？这都是因为学习有声语言对他们而言是一个极为艰巨的任务，他们对书面语的运用远远不像普通人那样轻松自如。我们可以想象外国人学写汉语句子时的情况，经常也是语法错误多多，常常闹笑话。其实从语言习得的角度来说，这和聋人的书面语习得情况非常相似。因此，我们在和聋人朋友交往时，不妨抱着更为宽容的心态来看待他们书面语上的不足，更耐心地和他们进行沟通。

五、手语是最符合聋人身心特点的语言

前面已经提到，许多聋童在进入小学就读之前，即使经过口语康复训练，也不能完整

地习得有声语言。另外，大部分聋童出生于听人家庭，也缺少早期习得手语的机会和条件。也就是说，他们既无法接触手语，也无法很好地习得有声语言，非常遗憾地错过了语言发展的"关键期"。如果个体在人生最初的几年里没有习得一种完整的人类自然语言，日后再学，难度就大大增加了。

我们可以看到，聋童在进入聋校之后，往往好几年都不能自如地运用书面语，写不出一段通顺完整的话，但却能在很短的时间里迅速掌握手语，他们跟着高年级同学、老师学，仅仅一两年或两三年就可以用手语讲述较为复杂的事件。因此，我们认为，手语未必是聋童最先接触到的语言，但却是聋童最容易习得的语言，很多时候也是聋童先完成习得的语言。从这个意义上讲，有人把手语视作聋人的"第一语言"，是有一定道理的。听障儿童早期习得手语能促进其语言、认知、社会和情感的发展，而有声语言的学习对聋童来说则艰难得多，从某种意义上讲，其难度堪比学习外语。

为什么聋人学手语能学得这么快呢？这是由聋人的生理特点决定的。聋人双耳失聪，听觉受损，感官功能代偿作用使他们的眼睛具有非常敏锐的视觉感受能力，对色彩、线条、动作等非常敏感。有研究显示，聋人双眼的视野比听人更宽。手语不依赖声音，是一种以双手配上表情、体态来"说话"的视觉空间语言，使用起来方便、形象、省力，天然就适合聋人使用。因此，聋人擅长手语，喜欢手语，他们对手语的感情是非常深厚的。我国台湾地区聋教育专家林宝贵曾形容聋人学手语几乎是"不教而会"，就像"候鸟千里返回家乡，自然又平常"。

手语还是聋人文化①的载体和核心。挪威心理学家泰耶·巴西利（Terje Basilie）说过："如果你接纳了一个人，那么就必然接纳他的语言，如果你排斥一个人的语言，也就是排斥了他本身，因为语言是我们社会存在的重要组成部分。"长期以来，人们对聋人乃至整个残障群体的刻板印象导致了社会对聋人和手语普遍缺乏正确的认知，认为聋人使用手语是"不好"的，是"无奈"的，是应当被"纠正"和"修复"的。随着时代的进步，人们逐渐不再把聋看作是一种疾病和缺陷，转而认识到聋是人类多元化的表现之一，听人能做到的事情，聋人一样也能做到。我们理当尊重聋人选择手语、学习手语和使用手语的权利。

第二节　手语是什么

一、手语的定义

手语是聋人使用的主要沟通工具，是聋人群体在彼此交流中自发创造出来的视觉空

---

① 聋人文化（deaf culture），主要指使用手语的聋人所认同的文化。一些使用听力辅助设备，就读于普通学校、没有学习过手语的听障者并不认同这一概念。

间语言。它是用手的变化和脸部表情来传达意义,通过视觉来接收信息的语言。凡是有聋人聚集的地方,就有手语的存在。

值得强调的是,聋人手语是一种语言学意义上的语言,它具有独立的词汇系统和独特的语法规则,因此,它不同于听人日常使用的身势语(如摇头点头、挥手拍掌等),也不同于一些特殊领域使用的手势符号系统(如特警手势、潜水手势、交警指挥手势、体育裁判手势等),也不是哑剧表演式的比画。身为聋人的杨军辉博士给手语下的定义是:"手语是人们在聋人环境中使用手的手形、移动、位置、手掌朝向,配合面部表情和身体姿态(有时也配合口型),按照一定的语法规则来表达特定意思的交际工具。"而我国手语语言学先驱龚群虎教授则认为,中国手语是"中国聋人群体使用的形义结合的手势——视觉沟通符号体系"。

手语和有声语言同属人类自然语言,都具有语言的三要素——语音、语汇和语法,从语言学上探究都具有内在的结构,可以分解为更小的单位。此外,无论是何种手语或何种有声语言,都受到许多因素的影响,都处于不断的发展和演变之中。

同时,我们也必须明确,手语作为一种以手形动为载体的立体视觉语言,在很多方面不同于任何以语音为载体的有声语言。比如,手语通过视觉模拟的方式直接反映客观世界,善于利用空间方位,表情和体态是不可或缺的语法手段……这些特点都是有声语言所不具备的。另外,中国手语由于发展历史较短,使用人数较少,因此常常向历史悠久、使用人数众多的汉语进行借用,而汉语作为强势语言,一般不会受到手语的影响,也不会反过来借用手语。

二、手语语言学的诞生和发展

虽然聋人使用手语的历史由来已久,但手语语言地位的确立迄今仅有半个多世纪的时间。

20世纪60年代初,美国著名聋人大学——加劳德特大学(Gallaudet University)的教师威廉·斯多基(William. C. Stokoe)发表了世界上第一篇真正从语言学角度谈手语的专题文章《美国手语的结构》,明确提出美国手语像英语一样,可以进行语言学分析,是一种真正意义上的人类自然语言。《美国手语的结构》是美国手语语言学奠基的标志,斯多基本人也被誉为"美国手语语言学之父"。当时,他的思想在学术界激起了轩然大波,人们普遍对他的观点感到难以理解和接受,甚至连聋人自己也嘲笑和攻击他将手语看成是语言。然而,时过境迁,如今"手语是真正的语言"已经成为全世界学术界公认的观念,全球已有一百多种手语得到了学术上的研究和解读。

手语是一种真正的语言,而不是有声语言的附庸或替代品。这是由三个方面的原因决定的。

第一,以斯多基为代表的语言学家通过研究证明,手语虽然没有声音,但它具备语音、词汇、语法等语言要素,聋人打出的一个个手势词是象似性和任意性的集合体,也是约定俗成的语言符号,能表达所有的概念,包括非视觉的抽象概念。而交通指挥手势、特警战术手势、体育裁判手势、听人说话时伴随的态势语等尽管也以手势动作为载体,但却不具备如此复杂的词汇体系,也不存在真正的语法规则,无法表达任意概念。

第二,从儿童语言习得和发展的历程来看,语言学家观测到,出生在聋人家庭的聋童,从小就将手语作为第一语言习得,他们的手语获得和发展过程与普通孩子习得有声语言的过程基本同步,除第一个词语的获得时间略有差异之外,后面的发展大致平行。这种平行性也从一个侧面证明了手语和有声语言同样都属于人类语言。

第三,从神经生理学的角度看,英国布里斯托大学聋人研究中心的专家对患有中风的聋人进行研究,发现因中风导致左脑语言中枢损伤的聋人和同种病症的健听人一样,也会丧失运用手语的能力,从而证明聋人使用手语和听人使用口语同样都由大脑左半球的语言中枢指挥。我国学者也通过实验研究证明,聋人的视觉语言优势半球位于大脑左半球,手语与有声语言的绝大多数脑功能区是重合的。

近几十年来,随着手语语言学研究的不断深入和聋人自我赋权意识的不断提升,手语的语言学地位逐步得到认可。目前,许多国家已经以法律的形式认可了手语是和口语、书面语平等的一种独立的语言形式。巴西、芬兰、瑞士、哥伦比亚、葡萄牙、乌干达、厄瓜多尔、南非和委内瑞拉等国甚至把这一条写进了宪法。美国、澳大利亚、秘鲁、乌克兰、白俄罗斯、波兰、加拿大、新西兰、瑞典、丹麦、挪威等国也分别通过各种立法和政策给予本国手语以独立语言的地位,并规定了手语在聋教育中的运用。截至2021年12月,全球已有71个国家和地区通过立法手段认可手语的语言地位。

2018年2月,为应对新时代语言学习、教学和评估的众多变化,欧洲理事会发布了《欧洲语言共同参考框架:学习、教学、评估》(*Common European Framework of Reference for Languages: Learning, Teaching, Assessment*,以下简称CEFR)扩展版,引起了语言教育界的广泛关切。CEFR扩展版首次对手语能力进行了专门描述,为各国手语能力标准的制定提供了具体、翔实的参考范本。虽然目前我国的学术界总体上对手语还缺乏足够的关注,仅有少数研究团队和个别独立研究者真正从语言学角度从事手语研究,但我们相信,随着时代的进步,聋人的语言权必然会受到越来越多的关注,手语的语言资格也一定能早日得到社会各界的公认。

三、手语的地域差别

如同有声语言存在地域差别一样,手语也有不同的"语种"和"方言"。

不懂手语的人常以为全世界的手语都是一样的,其实这是一个认识上的误区。全世界的手语也存在形形色色的语种,如中国手语、美国手语、法国手语、日本手语等。各种手语之间的词汇差异是非常大的,虽然存在"吃饭""睡觉""休息"等少数共通手势,但一般情况下不能使用它们直接对话,需要借助翻译,或依靠长时间的交流来慢慢解释、磨合。手语和有声语言一样,可以进行谱系分类,不同的手语之间也可能存在历史上的亲缘关系,表现为大量手势的雷同或相似,比如我国台湾地区曾长期被日本侵占,当地的两所聋校是在日本主导之下建立的,因此,台湾手语受到日本手语的深远影响,以至于两地手语的词汇系统至今仍存在相当的相似度。

除了语种差异,手语中也有方言差异。所谓"中国手语"只是一种统称,我国各地聋人社群使用的手语并不是完全一样的,彼此之间存在一定的词汇差异。总体上说,中国手语分为南方手语(以上海为代表)和北方手语(以北京为代表)两大派系,同时东部手语和西部手语也存在一定差别。而且东、西、南、北,各地不同地区的手语也自成特色,比如上海和南京、重庆和成都虽地理位置较近,但手语仍然存在差异。

手语方言间的差异是客观存在的,但并没有大到不能对话的地步。总体来看,手语的地域差异比有声语言小。打比方说,一个听力健全的北京人到广州去,可能完全听不懂当地人的方言在讲什么,但北京和广州的聋人即使是第一次见面,也基本能无障碍地交流,如果碰到看不懂的手势,有时可以直接根据上下文或者口型来猜测意义,有时候聋人也会直接打断对方来询问,待对方加以解释后便恍然大悟。即使是中国手语和美国手语,其间的差异也远远小于汉语和英语的差异,聋人可以通过身体表演、形象比画和间接诠释等方式来灵活地自我表达,在很大程度上实现顺畅沟通。

为了进一步方便我国不同地区的聋人沟通,提升聋教育的质量,自1949年以来,手语规范化的工作一直在进行,从未停止。由中国聋人协会、国家手语和盲文研究中心编写,华夏出版社2003年出版发行的《中国手语》(上下两册)就是其中一个重要成果。这套书总结并创造了许多被聋人认可的手势打法,对学习手语而言,从总体上说是一本合格的词汇工具书,在我国基层特教学校中已被使用多年。然而,这套书本身也存在一些问题,比如指拼使用过多、南北手语杂糅等,有相当一部分手势打法并不为聋人所接受。为了解决这些问题,经过长达七年的研究,全新的国家通用手语方案问世了。2019年10月,《国家通用手语词典》(全套共四册)发布,该词典对《中国手语》进行了修改和补充,使其词汇打法更符合聋人的习惯,是一套权威、实用的工具书。同时,配套APP的发布也大大方便了广大用户在移动端的学习。总而言之,手语的规范化和标准化是一个长期的过程,至今仍在不断探索之中。

四、学习手语的好处

对特殊教育专业的师范生来说,手语是听人教师从事聋教育的"敲门砖",是走进聋生心灵的桥梁,更是成为一名优秀聋教育工作者的必备技能。

对广大手语爱好者来说,手语是一门"外语",是一种实用工具。多学一种语言,就多一个交际圈,多体验一种生活方式,能极大地开阔眼界和增长见识。掌握越多语言的人,其思维也越活跃。

听力健全人学习手语,可以更加方便地和聋人沟通,学会多少并不重要,重要的是通过手语学习,加深聋人、听人双方对彼此的认同感。提倡人人学点手语,懂点手语,还可以传达对残障人士的关怀,有利于构建沟通无障碍环境,营造和谐、文明、友善的社会风气。

此外,学手语还有许多特别的好处。比如,学手语可以使你的胳膊和手指线条更优美,表情更生动;学手语可以突破外在环境的限制,在喧闹的环境中准确传达意思,如能隔着马路、车窗交流或边吃饭边交流;学手语可以激烈讨论而不影响别人,也可以在大庭广众之下"秘密"交流;学手语可以交结许多聋人朋友,体验不同的世界;学手语有利于锻炼眼力,增强手眼口协调性,开发全脑;学手语有利于健身益智,防止患手部冻疮和老年痴呆症……

当前,在英美等国家,听人学手语已经成为一种时尚的行为。许多年轻的恋人用"我爱你"的手势优雅独特地传达心意,大学里将手语和其他语言一样列为语言类选修课程,许多母亲用婴儿手语对刚出生不久的宝宝进行早教。这些有趣的变化折射出时代的发展,相信在不久的将来,会有越来越多的人发现学手语的好处和乐趣,手语学习在中国也会蔚然成风。

第三节　学习前的准备

一、规避常见认识误区

在正式学习一门语言之前,树立正确的心态,采取适当的策略,避免一些常见的误区,可以使学习事半功倍,为学习保驾护航。对于零基础的听人学习者而言,在进入手语世界时,常见的认识误区主要有以下三种。

第一,操之过急,对学习速度和学习效果抱有不切实际的期待。要知道,既然我们承认手语是一种真正的语言,那么学习手语肯定就像学习英语、法语、日语等其他语言一样,是一个长期的过程。语言的学习需要日积月累,没有捷径可走,学几个月才能勉强交谈、几年才能尝试开始做翻译工作,是很正常的事。虽然手语相对于有声语言来说更加形象,理据更加鲜明,在一定程度上为我们的学习提供了便利,但在刚开始学习的阶段,我们就像学英语需要记单词、背惯用法一样,这是一个较为枯燥的过程,因为只有随着词汇量的扩大，我们才能慢慢地学着用一定的语法规则连词成句；到了后期，还需要进行语篇练习和会话训练。当然，如果在整个学习过程中能随时保持和聋人朋友的密切接触，营造手语学习的环境，一边学一边用，"沉浸式"学习，不断地实践和练习，就会获得更为理想的效果。这也是在聋校等特殊岗位工作的听人能比较快地掌握手语的原因。

第二，照本宣科，一切照搬工具书或教材，把活语言学"死"。《国家通用手语词典》等工具书和教材的问世，为我们学习手语提供了便利，但语言的运用是一个非常复杂的动态交际过程，这决定了语言学习不仅仅是背词语和语法规则，还必须在实践中体会这门语言的奥妙。正如我们很难想象仅用《英汉大词典》和《新概念英语》就能学好英语一样，只读手语工具书和教材也是不够的，大量的手势打法、惯用法和结构搭配，必须在和聋人的实际交流中通过观察获得，在练习中巩固。语言学习的最终目的是运用，因此，学习手语的目标就在于能和聋人无障碍地沟通。聋人不仅是我们学习手语的老师，也是检验我们手语学习效果的"主考官"。

第三，把手语和聋人文化割裂开来，只学语言而忽略了手语背后隐藏的文化。众所周知，语言是文化的载体和核心，外语学习不是单纯的语言知识学习过程，而是包含文化背景知识的综合性语言学习。学习一门语言的最高境界就是掌握这门语言所代表的文化，能直接用这种语言来进行思维。手语背后隐藏的是聋人文化，它最突出的特征是"视觉性"，这决定了聋人生活的方方面面，如语言、喜好、行为模式、生活方式和心理特征等。如果能充分理解聋人"以目代耳，以手代口"的特性，就不难理解他们在社会生活中所表露出来的一系列独特之处。因此，我们作为手语学习者，一定要用心去和聋人做朋友，增进对聋人文化本身的了解，培养聋-听跨文化交际能力，这样才能更好地学习和运用手语这门视觉语言。

总之，必须强调，任何一种语言的学习都没有捷径，只有经过长期的积累才能达到运用自如的境界。若想用最短的时间学好手语，就只能到聋人群体当中去，这才是最有效的方法。

用肢体表达自己是人类的本能。婴儿天生就会用简单的手势来表达自我的需求，在远古时代有声语言诞生之前，原始人也用手势彼此沟通。每个人都有用手"说话"的潜能。所以，在学习伊始，要树立信心，相信自己一定能够学好手语。我们建议大家耐心、平静地面对即将开始的手语学习历程，将手语作为一种新奇的"外语"去了解和掌握。这样，你一定会收获意想不到的惊喜。

二、练好"手"的基本功

由于手语是用双手来"说话"，因此，在学习之前应当做的准备工作主要就是锻炼双手的协调性和灵活性，使十指变得柔软、灵活而敏捷。

首先，要习惯闭上嘴巴，改用双手来传情达意。听力健全的人习惯了每天早上从睁开眼睛起，就不停地通过说话和他人互动，现在突然开始学习手语，要不动嘴、只动手，自然多多少少会有些不适应，如经常打着手语就动起嘴来，给手语做"同步口译"，有时碰到不知该怎么表达的概念，觉得太难，就干脆放弃手语，改为说话。这些对手语水平的提高都是没有任何好处的。一定要摒弃杂念，摆脱对口语的依赖，想象自己就是一个耳不能听、口不能言的人，把注意力集中到视觉信息摄取和手部运动的感觉上来。

其次，要经常伸展手部的肌肉，使手势动作准确、舒展、清晰、美观。握拳、伸大拇指、伸食指、伸直五指等手形都是手语中频繁使用的基本手形，一定要做到位，每根手指当曲则曲，当直则直，两根手指当分则分，当连则连，不可含糊。在做竖立、横切、弯曲、摩擦、画圈、平转、互碰、相弹等动作时务必准确，不可错成其他。每个手势之间的过渡和连接也要清楚，不可随意增加多余的动作。这一方面要求学习者要仔细观摩和模仿教师或模特的手语，另一方面也需要学习者认真审视自己的手势动作是否正确。对着镜子练习是一个不错的小窍门，可以及时发现自己的问题并且更正过来。有条件的，还可以将自己的动作录下来自行观看。

再次，要锻炼节奏感，使手语节奏收放自如。提升这一能力有个很简单的办法，就是选定一首旋律简单上口的歌曲，如《两只老虎》《月亮代表我的心》《蓝精灵》等，尝试唱一个字，拍一下掌，让击掌节奏跟着歌声走，跟随歌曲旋律而起伏变化。刚开始时，可能会手忙脚乱，跟不上节奏，这时可以从节拍整齐简单的儿童歌曲练起，先慢慢练习，再逐渐加快速度。经过一段时间的适应，就能对各种类型的歌曲都应付自如了。再进一步，即使闭上嘴，在心里默唱，手也能根据旋律快慢来准确地打出节拍了。

最后，还要锻炼左右手的分工，增进身体协调能力。在小说中，武林高手可以做到"左手画方，右手画圆"，可以"左右互搏"，我们也可以试试左手做弹钢琴的手势，右手做击鼓的手势，或者左手做摩擦大腿的动作，右手做挥手再见的动作……还可以玩"一个打八个"的游戏，即左手比八，右手比一，左手的"枪口"对准右手的"光杆司令"射击，然后左右交换，右手朝左手"射击"，如此快速反复。这类练习对增进协调能力是很有好处的，堪比手语中的"绕口令"。

在学习手语的过程中，通常都会先学字母和数字的表达，这些较为容易。学会了之后，可以利用这些作为材料来训练自己的反应能力和手指的灵活性。具体方法为：一边念26个英文字母或从1数到20，一边打出相应的手势，力求准确、快速、与口语同步。熟练掌握之后，再去掉口语，只用手语快速打出这些字母或数字。单手练会了，还可以尝试用双手，自我"加码"。

每学会一批新的手语词,我们都可以想想,如何利用这个词来训练自己掌控速度、幅度、力度、表情变化和节奏变化的能力。下面举一些例子:

下雨——慢慢地打,动作幅度小,力度轻,是"下小雨";速度加快,动作幅度大,力度强,是"下大雨";这里下下,那里下下,是"到处都在下雨";一直重复下雨这个动作,持续很长时间,是"雨下个不停"……

漂亮——根据手势动作的大小、速度的快慢和力度的轻重,可以表达不同程度的"漂亮",如"她还挺漂亮的""她特别漂亮""她简直是美若天仙";手上打"漂亮"的手势,脸上配合不同的表情,还可以表达赞美、羡慕、妒忌、惊叹、讽刺、不以为然等丰富多样的语气。

只要勤动脑,勤动手,坚持手的"基本功"练习,做好准备工作,在学手语时就能感到得心应"手",从而大大降低学习手语的难度。

三、学习手语的注意事项

一是手语的范围。

我们在打手语时,手的运动范围可能会非常大:如在打"太阳""梨"这类词语的时候,手的运动位置高至头部上方;打"广州""腰带"这类词语的时候,手的运动位置低至腰部;打"膝盖"时,我们甚至会弯腰用手指向膝盖。因此,在拍摄手语视频时,有经验的拍摄人员会让模特双臂伸直,上下挥舞一番,以此来确定手势的大致范围和镜头的远近。

但一般来说,手势动作会比较集中地出现在面部周围和胸前部位。在大多数情况下,手语的动作往上不会超出头顶,也很少比胃部更低。偶然也有超出这个范围的例子,如把手伸到头顶上方去表示"采摘"树上的果实,拍一下大腿来表示"腿"等。

打手语时,要注意让双手的运动范围大小合理,每个动作要干净利落,清楚到位,舒展大方。如果手的动作软弱无力,一直缩在胸前,就像说话发音含糊不清一样,那么对方理解起来就会非常困难。如果动作过大,也会给人"张牙舞爪"、嚣张无礼之感。

二是手势的幅度和速度。

手势的幅度是指手势动作的大小变化。这就像说话的声音一样,有人说话声音高,有人说话声音低。打手语者的性格、年龄、气质等都是影响手势幅度的个人因素。此外,手势幅度常常也要根据具体交际环境而定。但一般来说,幅度不宜过大,尤其是在比较正式、庄重的场合。

手势的速度与交际内容有一定的联系,也与人的个性有一定的关系。在一般情况下,要以让对方看清楚为前提,不快不慢,速度适中。同时可根据交际内容,自然产生节奏上的快慢变化,尤其是在讲手语故事时,速度上的丰富变换可表现出故事的节奏感,更能吸引对方。

三是手语交际的距离。

手语交际的最佳距离一般有两个参考因素：第一是以能轻松地看清为条件，不感到吃力就能看清对方手势即为适宜的距离；第二是以心理上感到自然为条件，即双方不过于远离也不过于贴近，彼此都感到自然舒适。一般来讲，手语的交际距离在1米左右较为适合，随着距离的拉远，手势应相应适当放大一些、放慢一些，便于对方观看。

在集会、活动等场合做手语翻译时，要尽量站在方便大家观看的地方，手势幅度要大一些，适当夸张一点。有条件时，可以将脚下垫高。翻译的站位应当尽量靠近说话人，以方便聋人同时观看说话人的口型和手语翻译。还可以提前安排，调整座位，尽可能让聋人观众相对集中，避免过于分散。

四是面部表情的配合。

面部表情是手语不可或缺的组成部分，既有助于语气和语义的表达，在许多时候也承载着语法功能。如果用错表情，很容易会造成误会。比如在打疑问句时，必须配合疑问的表情，即眉毛皱起或上抬、眼睛眯起或睁大，同时上身微微前倾，末尾手势稍加延长。如果不具备这些要素，打出来的疑问句就很可能会被误解为陈述句。

对手语初学者而言，尝试加上表情并不难，难的是做到表情夸张和到位。听力健全的人习惯用较为含蓄的表情和肢体动作进行沟通，要像聋人一样做到表情丰富生动，的确有一定难度。这就要求我们从思想上充分认识表情的重要性，消除顾虑，克服羞怯心理。对聋人来说，表情夸张并不是不雅，而是表达到位，表意清楚。此外，我们也可以对着镜子练习各种表情，以达到最好的视觉效果。

五是如何观看手语。

很多人以为既然是手语，那么就一定需要紧盯着对方的双手，其实这是错误的想法，会因此遗漏许多重要的信息。在聋人手语中，面部表情和身体姿态是不可或缺的组成部分，承载着语法意义，有时，甚至是一声叹息、一个跺脚、一个撇嘴，都可以传达丰富的意义。因此，观看对方打手语的时候，视觉焦点要放在对方的面部，视野兼及对方的手部动作，同时也不要忽略了身体其他部位如肩膀、躯干的运动。而且，也要联系实际场景和上下语境来灵活理解。比如聋人在打"灯"的时候，如果现场有灯，他可能会直接抬手指一下头顶的灯，这时看话人的反应要快，要灵活理解这类手势。如果先入为主地认为聋人说灯就必须把"灯"这个手势打出来，那么就很可能会不知所云。

六是一个概念多种打法的处理。

首先要明确，在任何语言中，概念和词语都不是一一对应的关系，一个概念可以对应多个词，这些词彼此之间是同义词或近义词的关系。比如在汉语里，形容女子貌美，就有"漂亮""好看""美丽""美貌""俏""俊""天生丽质""如花似玉"等多样的表达方式。手语的词汇虽然不如汉语丰富，但也存在大量同义词和近义词。另外，方言差异也会造成一个概念有多种手势表达的现象。如果照本宣科、亦步亦趋地学习手语，每个概念只学一种打法，那么一到实际生活中与聋人沟通，见识到灵活的、丰富多样的手语词汇时，往往会觉得一头雾水。

初学者在刚尝试和聋人朋友用手语沟通时，往往会发现对方打的手势有很多自己看不懂，或者表达同一个意思时，自己学的手势和对方打的手势不一样。碰到这种情况时，千万不要被吓倒，这是因为每个概念并不是只有一种标准的手语打法。对于同一个概念的多种手势，学习时可以贯彻"看懂多种，学会一种"的原则，即广泛涉猎多种手语打法，能看懂多种，但只选择其中之一进行学习，待日后手语水平提高了，和聋人交流密切了，自然也就学会了其他的打法。对《国家通用手语词典》，虽要勤翻勤查，但也不必过于依赖，因为目前该词典仅收录了八千多个词目，远远不足以支撑我们日常生活中的手语交流。因此，我们还需要向聋人朋友学习当地聋人经常使用并被广泛认可的手势，作为国家通用手语方案之外的补充。

七是学中国手语还是手势汉语。

典型的中国手语是我国的聋人群体在没有听人在场的情况下，彼此交流时用的原汁原味的手语，是聋人群体自发创造的、约定俗成的人类自然语言。通常来说，这样的手语表情丰富、善用空间方位，词序和有声语言区别较大。而手势汉语是手语受到汉语影响后的产物，广泛用于聋校的课堂教学，例如，"我陪你去看病"的手语就打成"我/陪/你/去/看/病"。由于手势汉语是汉语的手势符号化，其词序与汉语一致，无需记忆新的语法规则和费力思考安排词序，故大大降低了听人学习手语的难度，所以许多人在学习手语时，会很自然地往手势汉语上靠，习惯边说话边打手势汉语。过去的许多手语教材也将学手语等同于学习手势汉语。

究竟是学中国手语还是手势汉语呢？要回答这个问题，我们就需要审视和反思自己学习手语的动机。我们学习手语，是为了能与聋人顺畅无障碍地沟通。因此，聋人在生活中所打的原汁原味的手语就是我们学习和模仿的对象。手语和汉语之间的确存在诸多差异，这是很正常的，因为不同语言间本来就存在着种种差别，新语言的学习正是一个克服差别，逐渐学会在双语间进行意义转换的过程。但只有把聋人惯用的手语作为学习目标，才能直接提升我们用手语思维的能力，让我们真正体会"无声世界"的感觉，逐步习惯用眼睛来观察，用双手来表达。中国手语和手势汉语属于不同的语言系统，它们的语法规则也不一样，学习真正的中国手语，有助于脱离汉语语法规则的约束，也更贴近聋人原汁原味的语言习惯。

就语法学习的难度而言，中国手语当然难于手势汉语，需要花更多时间去了解、熟悉和掌握。因此，在学会词语之后再学句子时，宜重点关注中国手语的表达方式，因为手势汉语的语序表达是不需要专门学习的，只要学会单个手势，再按照汉语词序来进行线性排列组合就可以了。虽然很多文化水平高的聋人朋友也能看懂这样的手势汉语，但一些文化程度比较低的聋人理解起来是很困难的，有时候还会意义变形，造成误会。

> 📖 **手语学习小 tips**
>
> - 要以一种平等尊重的态度与聋人交往，不要抱有恐惧、猎奇、回避等心理。除了沟通方式不同之外，聋人和我们是一样的，大可怀着平常心去交往。绝大多数聋人对愿意学手语的听人是非常热情友好的。
> - 了解一下当地是否有手语角或其他定期的聋人聚会。像上海鲁迅公园手语角、武汉江滩手语角、南昌八一公园手语角等都持续举办了多年，吸引了大量聋人参加，是手语爱好者接触聋人、学习手语的好场所。
> - 聋人是最好的手语老师，要利用一切机会和他们交往，如在马路上打招呼、一起吃饭、陪同他们去买东西等。可以结交几个聋人朋友，和他们一起工作、学习和玩耍，也可以请聋人老师对你进行一对一的付费教学。
> - 在与聋人交流时，不懂就要问，切忌对没看明白的手势一带而过。观看聋人彼此之间用手语交谈时，如果有看不懂的手势，不便中途插话，可以在心中默默记下，待一段谈话结束之后及时抓住时机询问对方。总之，一定要放下面子，勤问善问。
> - 一定要牢记聋人是用眼睛观察外界的，做到打手语时不戴口罩，不戴墨镜，保持和对方的视线接触。要注意光照，避开光线太昏暗、太强烈、太闪烁的地方，也不要站在光源前面逆光打手语。
> - 在使用手语时要遵循形象性原则，尽量多用解说、举例、类比的方式让对方理解。若非必要，不轻易通过指拼、仿字、书空等方式借用汉语。
> - 打手语有时需要配合一定的口部动作，但尽量不要一边出声说话一边打手语，以免打乱手语的固有节奏，影响表达效果。中国手语和汉语是两种不同的语言，为了保证所使用语言的地道性，不宜"边说边打"，否则就很容易打成手势汉语。
> - 提高手语水平，需要加强练习，还可以适当学点手语歌、手语舞等，但不要过于沉浸其中，形成依赖。因为手语歌舞中的许多手势已经过了艺术变形，不再是自然交际中的本来面目，学多了可能会产生误导，使手语学习"走偏"。

- 可以学一点手语语言学知识，理论联系实际，可以让学习效果事半功倍。
- 在学习手语的同时，必须了解并尊重聋人文化。与他们多交往，带着探索的态度观察他们的行为举止和听人相比有何差异，问问自己这是为什么。对于聋人群体内部约定俗成的规矩，要入乡随俗。
- 交流前，首先要想办法引起聋人的注意，让他看到你。可以挥挥手，轻拍他的肩膀，拍拍桌子或请别人帮忙招呼他。有时他在与别人谈话，这时就必须耐心等待，等交谈完了再叫他，因为他无法同时和两个人展开两个不同主题的交流。
- 和聋人朋友在一起时，周围若有听人，要随时告诉聋人，他们在谈论什么。不要因为谈论的内容和聋人无关就不进行手语翻译。
- 在正式场合做手语翻译时，宜穿深色服装，衣服上不要有花纹和图案；不宜涂抹指甲油；头发不要遮住面颊；不宜戴耳环、手套、口罩、项链等物品，以免分散聋人朋友观看手语的注意力。

第一章
人际交往

第一节 手语语言学专题——指拼

一、指拼

指拼（fingerspelling）是手语表达中的一种特殊手段，指用手指的指式动作代表字母，从而拼打出有声语言。指拼有单手指拼和双手指拼之分，如中国手语、美国手语使用单手指拼，而英国手语则使用双手指拼。

国内有人把指拼叫作"手指语"或"指语"，但事实上，指拼并不是一种独立的语言，它表音而不表意，只是聋人手语中的一种辅助表达手段。它的出现频率并不太高，绝大多数情况下，即使不用指拼，聋人也有能力把一件事表达清楚。

指拼是依附于有声语言存在的。只有学习和掌握了26个英文字母，才能自如地使用英语指拼；同样地，只有掌握了汉语中的拼音字母，才可能使用汉语指拼。一个人只要学会若干字母的基本指式打法，就可以按有声语言的顺序拼出任何单词甚至句子、段落。总之，指拼本质上是以手势符号为载体来记录有声语言的工具，就像电码、旗语一样，是有声语言的一种表现形式。

由于指拼以有声语言的语音为依据，所以，它只能表音，而无法形象地模拟事物，而且也无法区别有声语言中为数众多的同音字，这是它最大的局限。所以，如果在打手语时过多地加入指拼，会影响聋人对手语的理解。如果全用指拼来表达有声语言，则会使人不解其意。比如打出"dajia"，聋人无法判断是"大家"还是"打架""打假"或其他。因此，完全用指拼来表示词或句子，一般只有在聋校语文教学中才会用到，在聋人的日常交流中一般不用。

那么,指拼一般在什么时候使用呢?比如,遇到比较陌生或者抽象的概念,需要用汉语来表述以让对方明白时,聋人就会借用指拼这种手段来辅助表达。再比如,为了区别近义词,更精确地说明所要表达的概念,聋人也会加上指拼。值得注意的是,这时只需要打出每个汉字的首个拼音字母即可,不需要将整个音节逐一拼出,如将"阿姨"打成"A-Y"、将"纪律"打成"J-条文"等。此外,中国手语中还有一些手指字母同具体的手势相结合,经过长期的使用固化下来,这种情况下,这些手指字母事实上已经进入了手语的核心词汇体系,比如"红"的手势中结合了字母H,"记得"的手势中结合了字母J。美国手语中也有类似的情况。

相较形象的手势符号而言,指拼字母的数量较少,容易记忆,而且与有声语言表达的顺序一致,对听人而言学习难度较小。但指拼作为一种交际工具,其劣势也是很明显的,如拼打速度比口语慢,看起来费力等。因此,它是一种有效的交际辅助工具,但实用性不强。聋人彼此之间以地道的手语交流时,很多时候完全不使用指拼也并不妨碍意义的表达。我们学习手语时,熟记本国的指拼字母很有必要,但不宜把指拼的学习放到过高的高度,一旦碰到不会的词语就用指拼,会造成交际对象的迷惑和误解。

2019年,中华人民共和国教育部、国家语言文字工作委员会、中国残疾人联合会共同发布了最新版的《汉语手指字母方案》,该方案自当年11月1日起作为国家语委语言文字规范实施。这是我们学习中国手语指拼的根本指南。

二、指拼的用途

指拼在手语中的主要用途有以下这些:

(1)用来表达有声语言中的人名、地名等专有名词。如姓氏"潘""庞"都运用了P手形。

潘(P)

庞(P)

（2）同具体手势相结合共同表达意义。如 H 手形摸嘴唇表示嘴唇的颜色，即"红"；摸头发表示头发的颜色，即"黑"。

红(H) 　　　　　　黑(H)

（3）作为借用汉语语音的手段之一使用，以表达较为抽象的概念。如"政治"用"ZH - ZH"表示。

政治1(ZH - ZH)　　　　　　政治2(ZH - ZH)

（4）用来更精确地界定意义，区别意义相同或相近的词。如"姑妈""姨妈"的第二个动作都是"妈妈"，区别在于第一个手势是"G"还是"Y"。

姑妈(G - 妈妈)

姨妈(Y-妈妈)

（5）用来表示有声语言词汇的缩略形式。如用"A-Y"来表示"阿姨"。

阿姨(A-Y)

三、指拼的注意事项

进行字母拼打时，要注意姿势端正，指式清晰、准确，各个动作连接自然流畅，一般以右手在右胸前方打出（左撇子可换用左手）。拼打汉语字词时应连贯、自然，字与字、词与词中间略作停顿。

以下列出了中国手语中的汉语拼音字母打法，[①]并附有"动作详解"和"记忆诀窍"，供对照学习。

扫描二维码
观看微课视频

---

① 打法描述引自《汉语手指字母方案》。

第一章 人际交往　21

A

动作详解

右手伸拇指,指尖朝上,食指、中指、无名指、小指弯曲,指尖抵于掌心,手背向右。

记忆诀窍

拇指是五根手指中的老大,因此用它来表示字母表中的第一个字母。手指字母A的打法同"好"很像,区别在于"好"要加表情,而"A"是无表情的。

B

动作详解

右手拇指向掌心弯曲,食指、中指、无名指、小指并拢直立,掌心向前偏左。

记忆诀窍

手指字母B的打法很像数字4的手势,区别只在于打"4"时,除拇指外的四根手指是分开的,而打"B"时则要并拢。

C

动作详解

右手拇指向上弯曲,食指、中指、无名指、小指并拢向下弯曲,指腹相对成C形,虎口朝内。

记忆诀窍

手指字母C的打法非常像手持望远镜的动作,从正面看上去像字母C的外形,也像一轮弯弯的月亮。

D

动作详解

右手握拳,拇指搭在中指的中节指上,虎口朝后上方。

记忆诀窍

大写字母D是一个封闭的图形,手指字母D的打法也是一个封闭性的手势——五指握拳。

E

动作详解

右手拇指、食指搭成圆形,中指、无名指、小指横伸,稍分开,指尖朝左,手背向外。

记忆诀窍

手指字母 E 的打法从正面看上去很像大写字母 E,也可以认为它是一个横躺着的数字 3。注意中指、无名指、小指要分开。

F

动作详解

右手食指、中指横伸,稍分开,指尖朝左,拇指、无名指、小指弯曲,拇指搭在无名指远节指上,手背向外。

记忆诀窍

手指字母 F 的打法从正面看上去很像大写字母 F,也可以认为它是一个横躺着的数字 2。注意食指和中指要分开少许。

G

动作详解

右手食指横伸,指尖朝左,中指、无名指、小指弯曲,指尖抵于掌心,拇指搭在中指中节指上,手背向外。

记忆诀窍

G 在汉语拼音中谐音为"个",我们不妨认为手指字母 G 的打法很像横躺着的"1 个"。

H

动作详解

右手食指、中指并拢直立,拇指、无名指、小指弯曲,拇指搭在无名指远节指上,掌心向前偏左。

记忆诀窍

手指字母 H 的打法是两根竖直向上的手指,象征着大写 H 中的两竖。我们也可以认为 H 的打法像是数字 2,只不过食指和中指没有分开,而是并拢。

第一章 人际交往

I

动作详解

右手食指直立,中指、无名指、小指弯曲,指尖抵于掌心,拇指搭在中指中节指上,掌心向前偏左。

记忆诀窍

字母 I 本身就像一根竖长的棍子,因此手指字母 I 用竖起的食指来表示。也可以认为手指字母 I 的打法与数字 1 的打法相同。

J

动作详解

右手食指弯曲,中节指指背向上,中指、无名指、小指弯曲,指尖抵于掌心,拇指搭在中指中节指上,虎口朝内。

记忆诀窍

"九"字的拼音是以 J 开头的,因此手指字母 J 的打法与数字 9 的打法相同。

K

动作详解

右手食指直立,中指横伸,拇指搭在中指中节指上。无名指、小指弯曲,指尖抵于掌心,虎口朝内。

记忆诀窍

手指字母 K 的打法非常像大写字母 K,拇指、食指和中指就是组成 K 的三根线条。

L

动作详解

右手拇指、食指张开,食指指尖朝上,中指、无名指、小指弯曲,指尖抵于掌心,掌心向前偏左。

记忆诀窍

手指字母 L 的打法非常像大写字母 L。我们也可以把它看成是一个位置稍加改变的数字 8,或是枪口上指的手枪。

M

动作详解

右手拇指、小指弯曲,拇指搭在小指中节指上,食指、中指、无名指并拢弯曲搭在拇指上,指尖朝前下方,掌心向前偏左。

记忆诀窍

从正面看上去,手指字母 M 中的食指、中指和无名指的轮廓构成了一个小写的 m。如果打这个手势有困难,可以先打出 W 手形,然后再让食指、中指和无名指向下弯,趴在拇指的指背上。

N

动作详解

右手拇指、无名指、小指弯曲,拇指搭在无名指中节指上,食指、中指并拢弯曲搭在拇指上,指尖朝前下方,掌心向前偏左。

记忆诀窍

从正面看上去,手指字母 N 中的食指和中指的轮廓构成了一个小写的 n。如果打这个手势有困难,可以先打出 H 手形,然后再让食指和中指向下弯,趴在拇指的指背上。

O

动作详解

右手拇指向上弯曲,食指、中指、无名指、小指并拢向下弯曲,拇指、食指、中指指尖相抵成 O 形,虎口朝内。

记忆诀窍

从正面看上去,手指字母 O 就是一个圆圈。我们也可以认为它和数字 0 的打法一样。

P

动作详解

右手拇指、食指搭成圆形,中指、无名指、小指并拢伸直,指尖朝下,虎口朝前偏左。

记忆诀窍

如果稍稍转换一个角度看,那么手指字母 P 的打法看起来非常像大写字母 P。这个手势也有点像数字 3,只不过是中指、无名指、小指并拢,指尖朝下的 3。

Q

动作详解

右手拇指在下,食指、中指并拢在上,拇指、食指、中指指尖相捏,指尖朝前偏左,无名、小指弯曲,指尖抵于掌心。

记忆诀窍

Q在汉语拼音中谐音"七",因此,它的打法与数字7相同。

R

动作详解

右手拇指、食指张开,食指指尖朝左,拇指指尖朝上,中指、无名指、小指弯曲,指尖抵于掌心,手背向外。

记忆诀窍

手指字母R的打法从正面看上去很像小写字母r。我们也可以认为它和数字8的打法一样。结合前面的字母Q,我们可以用"Q七R八"的口诀来帮助记忆。

S

动作详解

右手拇指贴近手掌,食指、中指、无名指、小指并拢微曲,与手掌成90度,掌心向前偏左。

记忆诀窍

手指字母S的打法从正面看上去类似大写字母S。如果手指柔韧性好,拇指能更明显地回扣,那么S的曲线会更明显。

T

动作详解

右手拇指、中指、无名指指尖相抵,食指、小指直立,掌心向前偏左。

记忆诀窍

"兔"字的拼音是以T开头的,因此手指字母T的打法很像一个长着两只长耳朵的兔头。事实上,有些地区的聋人就是使用这一手形来表示"兔子"的。也有聋人用这一手形来表示数字11。

U

动作详解

右手拇指贴近手掌,食指、中指、无名指、小指并拢直立,掌心向前偏左。

记忆诀窍

手指字母U的打法很像小写字母u,从正面看,小指、掌根、食指和拇指构成了u的轮廓。我们也可以认为它是一个变形的数字5,即除拇指外四指并拢的数字5。

V

动作详解

右手食指、中指直立分开成V形,拇指、无名指、小指弯曲,拇指搭在无名指远节指上,掌心向前偏左。

记忆诀窍

手指字母V的打法很像大写字母V。我们也可以认为它与数字2的打法相同。在拍照时,我们常使用这一手形,俗称"剪刀手"。

W

动作详解

右手食指、中指、无名指直立分开成W形,拇指、小指弯曲,拇指搭在小指远节指上,掌心向前偏左。

记忆诀窍

手指字母W的打法很像大写字母W。这也是有些国家的手语中表达数字3的方式。

X

动作详解

右手食指、中指直立,中指搭在食指上,拇指、无名指、小指弯曲,拇指搭在无名指远节指上,掌心向前偏左。

记忆诀窍

食指和中指相搭,象征着大写X的两根线条交叉。这个动作对有些人来说不容易做到,平时可多掰掰手指,提升手部的柔韧性。

第一章 人际交往

Y

动作详解

右手伸拇指、小指,指尖朝上,食指、中指、无名指弯曲,掌心向前偏左。

记忆诀窍

手指字母 Y 的打法从正面看很像大写字母 Y。也可以认为就是数字 6 的打法。

Z

动作详解

右手食指、小指横伸,指尖朝左,拇指、中指、无名指弯曲,拇指搭在中指、无名指远节指上,手背向外。

记忆诀窍

手指字母 Z 的打法是模拟字母 Z 的上下两横。它和手指字母 T 的打法非常相像,仅在拇指和中指、无名指的接触方式及手掌方向上有细微差别。我们可以近似地认为,它是一个横躺着的 T。

ZH

动作详解

右手食指、中指、小指横伸,食指、中指并拢,指尖朝左,拇指、无名指弯曲,拇指搭在无名指远节指上,手背向外。

记忆诀窍

手指字母 ZH 其实就是在 Z 的基础上再伸出中指,也可以看作是 Z 与 H 两个手势的合并。

CH

动作详解

右手拇指在下,食指、中指、无名、小指并拢在上,指尖朝左成扁"コ"形,虎口朝内。

记忆诀窍

手指字母 CH 与字母 C 的打法颇为相像,不同之处只在于 CH 在 C 的基础上把四指伸直,使其与拇指平行。我们可以认为 CH 其实就是一个扁平的 C。

SH

动作详解

右手拇指贴近手掌,食指、中指并拢微曲与手掌成90度角,无名指、小指弯曲,指尖抵于掌心,掌心向前偏左。

记忆诀窍

手指字母SH其实就是在S的基础上收回小指和无名指,也可以看作是S与H两个手势的合并。

NG

动作详解

右手小指横伸,指尖朝左,拇指、食指、中指、无名指弯曲,拇指搭在食指、中指、无名指上,手背向外。

记忆诀窍

NG在汉语拼音中不能单独使用,一般跟在其他韵母后面构成复韵母,地位"低微",如同小指在五指中的地位。这或许可以成为用小指表示NG的一个有趣的理由。

Ê

动作详解

先打E的指式,再手上下晃动两下。

记忆诀窍

Ê是在字母E上方加"^"构成的,因此手指字母Ê的打法也由E变化而来。

ü

动作详解

先打U的指式,除拇指之外的四指再前后晃动两下。

记忆诀窍

ü是在字母U上方加两点构成的,因此手指字母ü的打法也由U变化而来。

上面的手指字母大多数同时也是手语中常用到的基本手形,构词能力很强。我们可以展开联想,以点带线,以单个手形为线索寻找理据,灵活记忆一系列手语词。

如:

A 手形——好,爸爸,骄傲

D 手形——笨,打架,做

I 手形——自己,妈妈,真

自己　　　　妈妈　　　　　　　　　　真

J 手形——虫子,舅舅,挂

虫子　　　　　　　　舅舅　　　　　挂

L 手形(也可认为即 R 手形)——胖,不愿意,战争

胖　　　　　　　　　　　　　不愿意

战争

V 手形——吃饭,改变,剪刀

吃饭　　　　　　　　　　　　改变

剪刀

Y 手形——来, 死, 牛

来

死

牛

第二节　词语学习

扫描二维码
观看微课视频

一、词语学习汇总

1.	我	2.	你	3.	他(她)	4.	我们	5.	你们
6.	他们	7.	大家	8.	人	9.	人们	10.	自己
11.	男	12.	女	13.	名字	14.	多少	15.	年龄
16.	见面	17.	介绍	18.	认识	19.	朋友	20.	聊天
21.	坐	22.	请客	23.	吃饭	24.	聚餐	25.	生日
26.	新年	27.	欢迎	28.	祝贺	29.	节日	30.	快乐
31.	健康	32.	好	33.	坏	34.	家	35.	学校
36.	今天	37.	昨天	38.	明天	39.	星期一	40.	时间
41.	帮助	42.	谢谢	43.	客气	44.	再见	45.	没关系
46.	对不起	47.	迟到	48.	安全	49.	是	50.	什么

二、具体打法

1. 我

我

打法详解

一手伸食指,指一下自己。

补充说明

除这种打法外,还有一些其他的变体,如用食指指点自己的鼻子,用拇指指尖点自己的胸口或手掌拍一下胸部,都可以表示"我"。

2. 你

你

打法详解

一手食指指向对方。

补充说明

有时为礼貌起见,也可以用掌心平摊向上、指尖朝向对方的手掌来表示"你"。

3. 他(她)

他(她)

打法详解

一手食指指向身侧第三者。

补充说明

用食指指点,在手语中是一种很常见的指代方法。

4. 我们

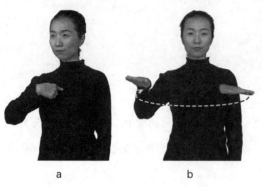

a
b

我们

打法详解

a. 一手伸食指，指一下自己。
b. 一手五指并拢，掌心向下，在胸前从左向右旋转半圈。

补充说明

手掌平摊，掌心朝下，平转半圈，表示人数多。在实际交流时，依从人数多少，该手势中的画圈动作可以有大小之分。

5. 你们

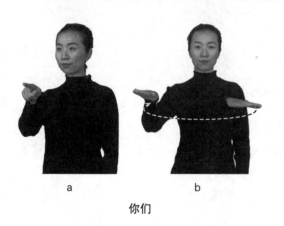

a
b

你们

打法详解

a. 一手食指指向对方。
b. 一手五指并拢平放，指尖朝左，掌心向下，在胸前平行从左向右旋转半圈。

补充说明

手掌平摊，掌心朝下，平转半圈，表示人数多。在实际交流时，依人数多少，该手势中的画圈动作可以有大小之分。

6. 他们

a
b

他们

打法详解

a. 一手食指指向身侧第三者。
b. 一手五指并拢，掌心向下，在身侧从左向右旋转半圈。

补充说明

手掌平摊，掌心朝下，平转半圈，表示人数多。在实际交流时，依人数多少，该手势中的画圈动作可以有大小之分。

7. 大家

大家

打法详解

一手五指并拢,掌心向下,在胸前从左向右旋转半圈。

补充说明

依人数多少,画圈可以有大小之分。

8. 人

人

打法详解

双手伸出食指,左上右下,搭出"人"字形。

补充说明

这个手势借用汉语的方式是"仿字",即直接用手指搭成汉字的字形。

9. 人们

人们

打法详解

双手伸出食指朝向自己搭出"人"字形,顺时针平行转动一圈。

补充说明

该手势表示人的复数。

10. 自己

自己

打法详解

一手食指直立,指尖朝上,其余四指握拳,在左肩处碰两下。

补充说明

该手势可以近似地认为是用食指指自己,因此有"自己"之意。

11. 男

男

打法详解

一手手掌直立并拢,指尖向上,掌心朝向自己,在头的一侧前后摆动。

补充说明

该手势的理据是以短发代表男子。

12. 女

女

打法详解

一手中指、无名指、小指握拳,拇指和食指捏住右耳耳垂。

补充说明

该手势的理据是以耳环代表女子。

13. 名字

名字

打法详解

左手中指、无名指、小指指尖向右横伸,拇指和食指相捏,右手食指指尖从左手中指开始向下滑动到小指处。

补充说明

中国人的名字一般为两个字或三个字,因此这个手势用自上而下平伸的三根手指分别表示姓名中的各个汉字。如果要表达"姓"的话,也可以只指点中指。

14. 多少

多少

打法详解

一手直立,五指分开,指尖朝上,掌心朝向自己,除拇指外其余四指交替抖动。

补充说明

该手势也可以表示"数""数量"。

15. 年龄

年龄

打法详解

左手握拳,手背向外,虎口朝上,右手直立,紧贴左手背,五指张开抖动。

补充说明

"年龄"的打法即是"拜了多少次年"。

16. 见面

见面

打法详解

双手食指、中指伸出,其余三指握拳,双手掌心相对,从两侧向中间移动。

补充说明

该手势的理据为两个人双目对视。可根据具体语境调整双手的方向。

17. 介绍

介绍

打法详解

左手拇指与食指伸直分开成直角,其余三指弯曲握拳,掌心向下;右手食指与中指伸直分开,指尖向左,掌心向下,其余三指弯曲握拳,放入左手所形成的直角内,搭成"介"字并朝外移动。

补充说明

这个手势借用汉语的方式是"仿字",即直接用手指搭成汉字的字形。此外,该手势具有方向性,可根据主语和宾语的不同产生方向上的变化。

18. 认识

认识

打法详解

双手食指、中指伸出,其余三指握拳,双手掌心相对,从两侧向中间移动两下。

补充说明

该手势与"见面"手势的不同之处是,认识是双手移动两下,见面是双手移动一下。

19. 朋友

朋友

打法详解

双手拇指伸直,指尖向上,其余四指握拳,掌心相对并互碰两下。

补充说明

A手形在此处表示人的上半身,两个人亲密地靠在一起,如朋友状。

20. 聊天

聊天

打法详解

双手手掌直立,掌心左右相对,五指张开,前后交替移动几下,表示打手语。

补充说明

该手势也可以表示"比画""手势""手语"。

21. 坐

坐

打法详解

左手掌心向上,五指张开,指尖向右;右手拇指、小指伸出,从上至下移动至左手手心。

补充说明

Y手形在这里是人的类标记,整个手势看起来像一个人坐在凳子上或地上。

22. 请客

请客

打法详解

a. 左手手指伸开平放,掌心向上,指尖向右;右手拇指伸直,指尖向上,其余四指握拳,置于左手掌心上,双手同时向内移动。

b. 一手拇指、食指捏成圆形,从腰部口袋处向前移出,表示掏钱。

补充说明

请客是方向动词,向内移动表示本人请客,如向外移动表示对方或者第三者请客。

23. 吃饭

吃饭

打法详解

一手伸食指、中指向嘴拨动,模拟用筷子吃饭状。

补充说明

"吃饭"的打法很多,这只是其中的一种。我们可以根据不同情境模拟吃饭的动作,如:用筷子吃饭,用勺子吃饭,用刀叉吃饭……

24. 聚餐

聚餐

打法详解

a. 双手手掌直立,五指稍微弯曲,指尖向上,掌心相对,从两侧向中心合拢。

b. 一手伸食指、中指向嘴拨动,模拟用筷子吃饭状。

补充说明

该手势实际上就是"聚集—吃饭"。

25. 生日

生日

打法详解

左手拇指伸直,指尖向上,其余四指握拳,掌心朝向自己;右手手腕搭在左手底部,食指指尖朝下,旋转几圈,其余四指握拳。

补充说明

民间有一种说法认为生日就是"长尾巴",这或许是该手势的语源。

26. 新年

a　　　　　　b

新年

打法详解

a. 左手手掌平伸,指尖向右,掌心向下;右手拇指伸直,指尖向上,其余四指握拳,从左手手腕处移动至左手指尖。

b. 左手握拳,拳心朝向自己;右手食指伸出,从左手手背骨节处从上向下划动。

补充说明

中国手语用手指根部凸起的四个骨节来表示春、夏、秋、冬,食指在四个骨节上连贯地划一道,表示一整年。

27. 欢迎

欢迎(打法1)

打法 详解

双手互拍几下,如鼓掌状。

补充说明

该手势一般偏重表示"欢迎过来""欢迎光临"之意。

欢迎(打法2)

打法 详解

双手五指伸直,掌心相对,抬至头两侧,晃动几下,面带笑容。

补充说明

近年来,越来越多的聋人开始改用国际通行的欢迎手势——舞掌。

28. 祝贺

祝贺

打法详解

双手抱拳,前后摇动几下,面露笑容,如道贺状。

补充说明

这个手势也可以表示"拜年""过年""庆祝",可加上表情和口型以进一步区分。联系上下文来理解该手势,不会产生意义的混淆。

29. 节日

a   b

节日

打法详解

a. 一手食指弯曲,其余四指握拳,放在额头正中。

b. 右手拇、食指捏成圆形,虎口朝内,从头右侧越过头顶移向左侧。

补充说明

该手势是汉语词的仿译。

30. 快乐

快乐

打法详解

双手掌心向上,放于胸前,向上扇动几下,同时面露笑容。

补充说明

注意配合愉悦的面部表情。

31. 健康

健康

打法详解

双手手掌贴于胸部,掌心朝向自己并向下移动。双手移动至胸前并伸出拇指。

补充说明

该手势实际上就是"身体/好"。

32. 好

好

打法详解

一手拇指伸出,指尖向上,其余四指握拳,放于胸前。

补充说明

习惯上一般认为拇指是好的象征。注意配合面部表情。

33. 坏

坏

打法详解

一手伸出小指,其余四指握拳,小指往下甩动。

补充说明

习惯上一般认为小指是差、弱、坏的象征。注意配合面部表情。

34. 家

家

打法详解

双手五指并拢,手掌伸直,指尖互搭成房屋外形。

补充说明

在手语中,"房子"和"家"的手势一样,都是通过模拟屋顶的形状来表示。

35. 学校

a   b

学校

打法详解

a. 双手手掌平伸,掌心朝上,放于胸前如读书状。
b. 双手五指并拢,手掌伸直,指尖互搭成"∧"形。

补充说明

学校就是"读书的房子"。

36. 今天

今天

打法详解

一手手掌横伸,掌心向上,放于腰际,然后上下掂动几下。

补充说明

手语中以本人所在的位置作为当前时间的标记。

37. 昨天

昨天

打法详解

一手食指伸直,其余四指握拳,食指放在肩膀上方向后指两下。

补充说明

在这里,我们假定有一条从前往后穿越自己身体的时间线,"昨天"的手势即是指向过去,也就是"刚过去的一天"。

38. 明天

明天

打法详解

头微偏,右手食指顶于右侧太阳穴处,掌心向外,然后食指向外移动至右额角前方,掌心翻转向内,同时头部变正。

补充说明

有人认为此手势的理据是"睡觉醒来,又过了一天"。

39. 星期一

星期一(打法1)

打法　详解

右手食指伸出,其余四指握拳,掌心向内,由左侧腋下运动至胸前。

补充说明

有人认为该手势之所以要这样打,是因为星期几的概念源自基督教中的"礼拜几",是牧师腋下夹着圣经讲道的样子。

星期一(打法2)

打法　详解

左手直立,掌心向外;右手食指直立伸出,掌心向内,碰一下左手掌心,表示星期一。

补充说明

该手势是通过模拟日历上的星期来表示。

40. 时间

时间

打法详解

左手侧立,指尖朝前,掌心向右;右手拇指朝左,食指朝前,其余三指握拳,拇指指尖抵于左手掌心,食指向下转动。

补充说明

该手势是通过模拟钟表上时针的走动来指代时间。

41. 帮助

帮助

打法详解

双手斜伸,掌心向外,指尖朝上,往前推动两下。

补充说明

该手势具有方向性,可根据具体语境决定手掌的朝向。

42. 谢谢

谢谢

打法详解

一手拇指伸出,指尖朝上,弯曲几下,其余四指握拳。

补充说明

这个手势是模拟点头鞠躬的动作来表示感谢。

43. 客气

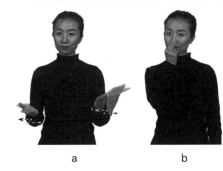

a　　　　　　b

客气

打法详解

a. 双手手掌平摊,五指并拢,掌心向上,交替向外移动几下,上身略前倾。

b. 一手打手指字母"Q"的指式,放在鼻下。

补充说明

该手势也可以表示"谦让"的含义。

44. 再见

再见

打法详解

一手上举,指尖向上,掌心朝前,五指自然摊开,向左右挥动几下。

补充说明

该手势听人也能理解。

45. 没关系

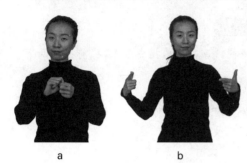

a
b

没关系

打法详解

a. 双手拇指、食指互相套成环状，其余三指自然弯曲。
b. 做解开状。

补充说明

"没关系"的手势为"关系"直接解套，一个动作即可。并不需要打成"没有/关系"。

46. 对不起

对不起(打法1)

打法 详解

一手五指并拢，掌心向下，贴于前额一侧，如敬礼状。小指向胸部点几下，表示向人道歉并自责。

补充说明

该手势也可以省略动作2。

对不起(打法2)

打法 详解

双手一上一下相贴，拇指和食指捏合，其余三指自然弯曲伸展。双手快速朝相反的方向运动，同时弹开拇指和食指。

补充说明

这个手势是聋人手语中约定俗成的"对不起"的打法。注意配合愧疚的面部表情。

47. 迟到

a
b

迟到(打法1)

打法 详解

a. 左手侧立；右手平伸，掌心向下，拇指放在左手心，其他四指向下转动，表示时间已迟。
b. 一手伸出拇指、小指，其余三指握拳，向前运动，然后向下一顿。

补充说明

该手势是汉语词的仿译。

迟到(打法2)

> 打法 详解

左手拇指和食指捏合成小圈,其余三指握拳;右手伸出食指在左手的小圆圈上斜划一下。

> 补充说明

这个手势源于考勤表上记录迟到的符号。

48. 安全

a　　　　b

安全

> 打法详解

a. 一手手掌横伸,掌心向下,从胸部往下一按。
b. 拇指伸直,指尖向上,其余四指握拳,在胸前平转一圈。

> 补充说明

A手形在胸前平转一圈的动作还可以表示"一切都好""妥当"之意。

49. 是

是

> 打法详解

一手食指、中指相叠,其余三指握拳,掌心朝左,向下一顿。

> 补充说明

有人认为这个手势是由点头的动作演变而来。打这个手势的时候也可以加上点头的身体动作。

50. 什么

什么

> 打法详解

一手食指直立,指尖向上,其余四指握拳,掌心朝前并左右晃动几下食指。

> 补充说明

注意配合疑问的表情体态,如眉毛皱起、眼睛微眯、头部略微前倾等。该手势还可以表示"谁""哪个""哪里"等。

第三节　句子学习

	学习提示
1. 你叫什么名字？现在岁数多大？ 你/名字/什么？现在/岁数/多少？①	1. 手语中，"你""我""他"等人称代词均用食指直接指示，任何在场可见的人或事物也可以直接指点。 2. 手语一般习惯将"什么""多少"等疑问词放在最后。 3. "叫什么名字"是汉语的表达方式，手语中不宜照搬译为"叫/什么/名字"，否则会容易让聋人误解为"你在喊谁的名字"。
2. 你好，很高兴见到你。 你/好，见面/高兴。	1. 打招呼时，需要配合友好的面部表情。依对方和自己关系的亲疏远近，表情的夸张程度可以有所不同。 2. "见面"的手势实质上就是"互相看见"，这个手势是有方向的，因此，只需要加上方向，一个"见面"的手势即可表达出是"我"和"你"见面，而无须加上主语和宾语。 3. 手语之所以将"见面"放在"高兴"之前，是因为依聋人的视觉认知习惯，是两个人先见面，然后才感到由衷地高兴。
3. 我是沈阳人。 我/籍贯/沈阳。	"籍贯"的手势有点类似于"发生""产生"，也有点像"开花"，这是聋人群体中流传很广泛的一个手势，用来表示自己是什么地方的人。
4. 我来做自我介绍，我叫王红，是北京师范大学的学生。 我/自己/介绍（自身→对方），我/名字/王-红，北京/师/大-学/学生。	1. "介绍"的手势是用手搭成"介"这个汉字，这种表达方法称为仿字。这个手势是有方向的，将自己介绍给对方，即手势由自己向对方运动。 2. 汉语句子中有些字词在手语表达中可以省略，不影响意思的表达，如"师范"可以简缩为"师"。
5. 很久不见，你身体还好吗？ 很长时间/见面/无，你/身体/好？	1. "很长时间"是由"时间"的手势变化而来的。"时间"是左手手掌侧立，右手模仿时针转动，如果右手在模拟时针的同时向外运动，划出一道很长的轨迹，即表示"时间很长"。 2. 手势汉语一般用书空问号来表示疑问语气，但在中国手语中完全可以用表情来表示疑问，不需要刻意书写出问号。在本句中，疑问表情的要点是：眉毛上抬，眼睛睁大，上身微微前倾，句末手势稍加延长。
6. 祝你生日快乐！ 祝/生日/快乐！	1. "祝"的手势是拱手恭贺的动作，这是有方向性的，因此后面的"你"可省去。 2. 中国民间有一种说法，"生日"就是"长尾巴"。因此聋人用"尾巴"来表示"生日"。

---

① 此为手语的汉语转写，所依据的"中国手语的汉语转写方案"详见本书第 273 页附录部分。

(续表)

7. 你是做什么工作的? 你/工作/什么?	**学习提示** 1. "工作"的手势打法,在很多情况下,也可以省去"工",直接以双拳上下互相敲击来表示。 2. 用手语表达疑问句时,通常只有在句末才出现疑问表情,如在本句中,只有在打"什么"时,才配合疑问表情,句子前面的部分则不带表情。	
8. 明天是星期六,我在家休息。 明天/星期六,我/在家里/休息。	**学习提示** 1. "星期几"的手势为什么要从腋下打出? 有人认为这源自基督教中的"礼拜几",是牧师腋下夹着圣经讲道的样子。 2. "在家"的手势,可以打成"在/家",但在这里模特示范的是"将自己关在屋子里",简单一个动作即表达了在家的含义,更加形象。	
9. 现在天黑了,慢慢走,注意安全,再见! 现在/天黑,你/走/慢---,注意/安-全,再见!	**学习提示** 1. "天黑"用一个光线渐暗的手势即可表达,这个手势也表达"夜晚、黑暗"等。 2. 动作的延长可以表示程度的加强,比如"慢"动作延长,表示"一定要慢慢来"。	
10. 今天下午我要去朋友家吃饭。 今天/下午/我/去/朋友/家/吃饭。	**学习提示** 手语的语序并非总是和有声语言不同,有时也比较类似,如本句的表达顺序基本和汉语一致。	
11. 我家住在学校附近,欢迎来玩。 我/家/学校/近,欢迎/来/玩。	**学习提示** 聋人特别注重空间方位的运用,在本句中,先打出"家",然后身体稍稍转向,再打"学校",也就是在空间中直接确定了位置,表示我家在这里,学校在那里,自然地推论出两地相距很近。可见,空间距离的远近在手语中可以直接表达。	
12. 欢迎,请坐,喝点儿水。 欢迎,坐++/喝水/请。	**学习提示** 聋人待客时,用笑容可掬的面部表情来传达欢迎、热情的语气。不需要特地打出"请"。	
13. 早上好! 你吃过饭了吗? 早上/好! 你/吃饭/完了?	**学习提示** "完了"这个手势是手语中一个非常常用的动作,可以单独表示"结束",还可以附着在动词后面,类似后缀,表示动作已完成或曾做过,如"看过了""结过婚""吃完了"等。	
14. 非常感谢你对我的帮助。 帮助(对方→自身),谢谢(双手)。	**学习提示** 1. "帮助"的手势有方向性。 2. 如果表示一般意义上的谢谢,用单手打手势即可。如果要强调"非常感谢",可以同时使用双手,并配合上身前倾的体态。	

（续表）

15. 不客气，咱俩是朋友，互相帮助嘛。 客气/不，我们俩/朋友，帮助（自身→对方）/帮助（对方→自身）/帮助（自身→对方）/帮助（对方→自身）。	**学习提示** 1. 手语习惯把话题放在前面，把陈述、说明和解释性的成分放在后面，因此"不客气"打成"客气/不"。 2. "我们俩"的手势打法为伸出两根手指（即数字2），在自身和对方之间来回轻晃。同理，还有"我们仨""我们四个""我们五个"等手势。	
16. 对不起！我迟到了，让你久等了。 对不起！我/迟-到，你/等---。	**学习提示** 1. "对不起"在本句中的打法为：双手拇指均与中指相捏，一上一下，彼此靠拢，左右手接触的瞬间弹开拇指与中指。还有一种更能为听人所理解的打法是先举手在额前敬礼，然后用右手小指触碰自己胸口。无论是哪种打法，都必须配合愧疚的面部表情。 2. "等"有几种不同的打法，在本句中的打法意义偏重于"站着等待""久等不至"。这个手势的延长表示等的时间很久。	
17. 没关系，不要着急。 没关系，着急/不。	**学习提示** 手语习惯把话题放在前面，把陈述、说明和解释性的成分放在后面，因此"不要着急"打成"着急/不"。	
18. 我不认识你说的那个老师。 你/说/老师/指（第三方）/我/不认识（摇头）。	**学习提示** 1. 如果谈话中提到一个不在场的人或事物，可以在空间中约定一个点（一般选择打手语者的身侧）来表示该人或该事物所在，谈话过程中不管提到它多少次，都可以用这一个点来指代。也就是说，"指点"在手语中能够起到代词的作用。 2. 手语中一般不用双重否定，打"不认识"的动作同时摇头，表示对否定的强调。	
19. 你晚上有空吗？我想请你吃饭。 晚上/你/时间/有？我/想/请客（对方→自身）/你/吃饭。	**学习提示** 1. "有空"是"有时间"的意思，不要望文生义将"空"打成"空洞"。 2. "请客"的第一个手势是一手手掌托住另一手的A手形（之所以选择这个手形，是因为客人是尊贵的，A手形本身带有好、强、尊贵的含义），带着它向一边运动。这个手势有方向性，在本句中，它是从对方向自身运动，表示"我请你的客"。	
20. 明天咱们俩一起去他家好吗？ 明天/我们俩/去/他家/好不好？	**学习提示** 1. "我们俩"的手势打法为伸出两根手指（即数字2），在自身和对方之间来回轻晃。同理，还有"我们仨""我们四个""我们五个"等手势。 2. "好不好"的手势是反复交替伸出拇指和小指，同时面露疑问表情。	

第四节 会话学习

扫描二维码
观看微课视频

―――――― 【会话1 认识新同学】 ――――――

A：你好！我可以坐在这里吗？ 　　你/好，我/坐/指(这里)/可以？	"坐"的手势有时候也表示"在"，要根据上下文判断。
B：当然可以。 　　可以(点头微笑)。	"当然"在手语中可以用指拼"D-R"表示，但在更多的时候没有必要使用指拼，如在这句中，打"可以"的同时面露微笑，表示欢迎对方在这里就座，表意就很清楚了。
A：谢谢你。 　　谢谢你。	
B：不用谢。 　　谢谢/不。	手语表达习惯主题在前，说明在后，因此将"不用谢"打成"谢谢/不"。
A：你是特殊教育专业的吗？ 　　你/特-教/专业/是？	
B：是的。我的名字是李月月。你叫什么名字？ 　　是。我/名字/李-月-月。你/名字/什么？	
A：我叫周明，来自山西。以后我们就是同学了。 　　我/周-明，籍贯/山西/人。以后/我们俩/是/同-学。	
B：真巧，我也是山西人。很高兴认识你。 　　正好，我/籍贯/山西/一样，高兴/认识/你。	"正好"的手势其实就是"正"加上"好"，因为打得快，所以看起来变成了一个连贯的手势。
A：我也一样，很高兴认识你。你知道我们班有多少同学吗？ 　　一样/高兴/认识(自己↔对方)，(挥手)我/班/同-学/人/多少，你/知道？	在本句中，"认识"不需要加上主语和宾语，这是因为手势本身有方向性，清楚地指明了是谁和谁认识。 "挥手"的动作表示唤起对方注意、改变话题等。
B：知道，25个。 　　(点头)知道，25。	手语中一般不使用汉语量词，所以不需要打出"个"。
A：哦，原来是这样。你为什么知道这些？ 　　原来！(皱眉)你/为什么/知道？	"原来"，是一个挥动手掌以表示恍然大悟的动作，这个动作也可表示"哦""原来如此""原来是这样"。
B：因为我是班长呀！ 　　因为/我/班-长/是。	
A：哈哈，那以后你要多多帮助我哟！ 　　(笑)你/以后/多/帮助(对方→自身)。	手语中的"帮助"是一个方向性动词。
B：没问题，以后大家互相帮助！ 　　OK，以后/我们俩/帮助(自身→对方)/帮助(对方→自身)/帮助(自身→对方)/帮助(对方→自身)。	"互相帮助"在这里用"我帮你，你帮我"来表示。

【会话2　介绍新朋友】

A：对不起,堵车迟到了五分钟！你们久等了吧？ 　　对不起,我/迟-到/五分钟,指(那里)/堵车,你们/等/久—。	上身的前倾和抱歉的面部表情是用手语打"对不起"时必不可少的要素。
B：没关系,我们也刚到五分钟。 　　没关系,我们/咱俩/刚才/到/五分钟。	"刚才"的手势是由"以前"和"少"合并而成的,表示"在很少的时间以前"。
A：哦,那就好！哎,这个女孩是谁？ 　　哦/好。(挥手)这/女/谁？	在这里"女孩"以"女"表示即可,不需要另打出"孩子"。"谁""什么""哪个""哪里"可以用同一个摇动食指的动作来表达。
B：我来介绍一下,这是我的朋友,她的名字叫董桥。 　　我/介绍,这/我/朋友,她/名字/董-桥。	
A：你好！ 　　你/好！	
C：你好！我是董桥。 　　你/好！我/董-桥。	
A：咦,我们是不是在哪里见过？ 　　(皱眉)指(对方)/我们俩/以前/应该/见面/有？	"见过"表示动作发生在过去,在这里用"以前/见面/有"来表达。
C：前天你在校园里找我问过路,还记得吗？ 　　前天/你/在/校-园/碰到/问(对方→自身)/我/路,记得？	
A：哦！我想起来了。真巧！ 　　哦,我/记得,真/正好！	手语中也有"哦",是一个挥动手掌以表示恍然大悟的动作。
C：是呀,很高兴见到你。 　　是,高兴/见面(自身←→对方)。	注意"见面"有方向性。
B：现在我们三个去吃饭,边吃边聊,好吗？ 　　现在/我们仨/去/吃饭,(拍左肩)吃/(拍右肩)聊天,好不好？	"边吃边聊"的表达方法是分别拍左肩和拍右肩,再打出动作,表示两个动作同时进行。
A：好的！ 　　OK！	手语中一样有英语借词,当前,"OK"的手势在聋人中已经成为一个常用词,表示对对方意见的认可、赞同。
C：好的！ 　　OK！	

第五节　聋人文化专题——手语名字

学习英语时,我们可以为自己起一个英文名字。那么学手语时,当然也可以给自己起手语名字。

聋人拥有自己的手语名字是聋人文化的特色之一。在聋校、福利工厂等聋人比较集中的地方，大家都以手语名字互相称呼，甚至还会给经常接触的听人老师或者听人同事起手语名字。当然，聋人也能用指拼或者逐字打出的方法来表达自己的汉语名字，如"周刚"打成"ZH-G"，但总体来说，手语名字更加简洁、方便，打起来省力，而且还非常生动形象，因此更受聋人欢迎。有许多聋人把手语名字也叫作"代号""外号"。

为什么说手语名字生动形象呢？这是因为每个手语名字都是有理据的，一旦知道了理据，就非常容易记住。

聋人的手语名字有的和汉语名字有关，有的一点儿关系也没有。比方说，有的聋人喜欢取自己汉语名字中的一个字或几个字来做手语名字，如姓吕的人，就打汉字"吕"（左右手拇指与食指各圈一个小圆圈，上下相对，如吕字字形）；姓刘的人，就打"牛"的手势（在南方方言中，牛与刘同音）；名字中有个"红"的人，就打"红色"的手势。这些都与汉语名字有关系。

也有许多聋人喜欢根据外貌特点、身体特征、籍贯身份、兴趣爱好等来起手语名字。比如某聋校有位年轻老师，喜欢梳个大辫子，上面戴朵花，学生就以"耳边戴花"的手势动作来作为这位老师的手语名字。又如苏州盲聋哑学校原教导主任谭京生老师的手语名字是"共"（双手伸食指和中指，互相交搭），这是因为他是一名老共产党员，在学校多年从事思想政治工作，这在聋人中是非常少见的，而且他的父亲是参加过长征的老红军，所以当地聋人约定俗成以"共"的仿字手势来代表他。

当然，起手语名字时也要尊重对方的感受。比如拿人家脸上的痣、瘸腿等生理缺陷来起名，便显得粗俗不雅了。

手语初学者往往只能用指拼打出自己的名字，很难想到生动、形象的手语名字，这是很正常的，因为我们没有同聋人相处的经验，也不了解他们起手语名字的习惯。所以，起手语名字可以征询聋人朋友的意见，请他们给你想一个合宜的手语名字。

第二章

家　　庭

第一节　手语语言学专题——中国手语与手势汉语

如果我们仔细观察、对比聋人彼此之间的聊天和聋人与听人的交流,就会发现,在这两种情况下,他们所打的手语是不一样的:前者是非常连贯、流畅、简洁的,速度较快,表情丰富;而后者是按照一个个汉语词来打,相对来说速度比较慢,动作也比较生硬。这就是中国手语与手势汉语的区别。

"中国手语"(Chinese sign language)是我国聋人所使用的手语共同语,在大多数情况下,聋童在进入聋校时,并没有完整地习得汉语这门有声语言,但只要接触到手语环境,他们就有能力将中国手语作为第一语言习得,并且在短时间内就达到较高水平。可见,这是一种未受过主流语言干预和影响的较为纯净的手语,由聋人自己创造,以单个手势为基本语言单位,其特点是形象性较强,和有声语言没有必然联系,特别是不受有声语言语法规则的制约。中国手语是自然状态下聋人之间交际的时候用的典型手语,可以说,它是真正的"聋人语言"。

"手势汉语"(signed Chinese),顾名思义是汉语的手势符号化,是用手势来表达的汉语。手势汉语的具体词汇和汉语中的词汇成分严格对应,手势组合方式和汉语的语法规则完全相同。这种手语主要运用于聋校教学以及听人与聋人的交往当中。另外,聋教育界出于语文教学需要,也常常把手势汉语叫作"文法手语""教学手语"。

下面举例说明中国手语和手势汉语的区别。比如"我陪你去看病"这句话,手势汉语的打法是依次打出"我""陪""你""去""看""病"这六个手势。但如果是聋人之间彼此交谈,则只需要打"陪"(该手势的运动具有方向性,在这里的方向是从自身到对方)加上"搭脉"的手势,并配合关切的面部表情即可清楚表达。

手势汉语:我/陪/你/去/看/病

中国手语:陪(自身→对方)/搭脉

中国手语,顾名思义就是中国的聋人群体所使用的语言,而不是美国手语、日本手语、英国手语或其他。由于早年有一套工具书也以《中国手语》命名,导致许多人容易混淆"中国手语"和"《中国手语》"这两个概念。其实,《中国手语》是一本词汇集,它可以作为学习的参考用书,但不加书名号的"中国手语"则是一种语言,也就是我们身边的聋人朋友们每天都在生活中自然使用的手语。

2019年出版的《国家通用手语词典》对中国手语的语法特点进行了初步描述和总结，如动词方向性、双手同时性、类标记等。可见，中国手语作为一种视觉-空间语言，其语法规则和汉语有着较大差异。

值得说明的是，中国手语和手势汉语的界限不是截然分明的，而是一个渐变连续体，很多时候聋人会在这个渐变连续体的两端之间游弋，根据交际场合、交际对象、交际目的自由选用相应的语言形式，有时候手语更自然一些，有时候手语更靠近有声语言一些。比如，一位聋人在和朋友聊天时手语非常自然，但在大会上公开用手语发言就可能慢慢地、逐词地按汉语词序去表达，这是因为他认为在这种场合使用手势汉语更为正式、庄重。又比如，聋人在和手语水平不太好的听人一起聊天时，聋人会照顾对方，自动把手语速度放慢，表达习惯向汉语靠，有时候还会试图边打手语边出声说话。这些都是本能的反应，并非刻意为之。曾有一位经验丰富的聋教育工作者将聋人称为"变色龙"，原因就在于其频繁而多变的语言转换。

也许有人会问，既然中国手语是真正的聋人语言，那么手势汉语还有存在的必要吗？其实，手势汉语是语言接触的必然产物。因为聋人生活在主流社会之中，许多时候都需要和听人打交道，所以，为了照顾手语水平不佳的听人，让他们理解自己的意思，聋人会自然而然地一边尝试开口发音，一边打出手语，按照汉语的语序来组织单个手势。同时，听人也想努力与聋人沟通，但很多人的手语水平不够，无法打出聋人那种原汁原味的、自然的手语，因此也会本能地按照汉语的语序来组织自己的手语。因此，手势汉语就成为了聋人和听人彼此沟通时进行相互"妥协"的临时沟通工具。另外，聋人在某些特定的场合也会使用手势汉语，比如谈论非常抽象的专业问题时，或在重大场合发言时，他们可能会觉得手势汉语看起来更"正式"、更便于表达所思所想。最后，手势汉语还是聋校语文教学中的重要媒介，可以用来呈现课文原话、进行造句练习等。因此，聋教育工作者学习手语时，最好对中国手语和手势汉语都要精熟，以便能根据场合实现灵活转换。

第二节　词语学习

扫描二维码
观看微课视频

一、词语学习汇总

1.	爸爸	2.	妈妈	3.	爷爷	4.	奶奶	5.	外公
6.	外婆	7.	儿子	8.	女儿	9.	哥哥	10.	姐姐
11.	弟弟	12.	妹妹	13.	舅舅	14.	阿姨	15.	亲戚
16.	婴儿	17.	小孩	18.	青年	19.	成年人	20.	老人

（续表）

21.	结婚	22.	丈夫	23.	妻子	24.	怀孕	25.	生孩子
26.	客厅	27.	卧室	28.	书房	29.	桌子	30.	椅子
31.	床	32.	衣柜	33.	家具	34.	门	35.	钥匙
36.	工人	37.	农民	38.	商人	39.	医生	40.	领导
41.	老板	42.	公司	43.	演员	44.	司机	45.	厨师
46.	主任	47.	记者	48.	运动员	49.	警察	50.	解放军

二、具体打法

1. 爸爸

爸爸

打法详解

右手拇指伸出，指尖向上，其余四指握拳，掌心朝左，拇指指尖在嘴唇上轻碰两次。

补充说明

父亲是一家之主，所以用拇指来表示爸爸。

2. 妈妈

妈妈

打法详解

右手食指伸出，指尖向上，其余四指握拳，掌心朝左，食指指尖在嘴唇上轻碰两次。

补充说明

母亲是家中除了父亲之外最重要的人物，因此用食指表示。

3. 爷爷

爷爷

打法详解

一手打手指字母"Y"的指式，手背向外，从下颌向下移动两下。

补充说明

该手势是用长胡子的特征来指代年老的男性。

4. 奶奶

奶奶

打法详解

一手打手指字母"N"的指式，贴于右面颊颧骨处，从上往下滑动两次。

补充说明

该手势是以面颊皮肤松弛这一特征来指代老人。

5. 外公

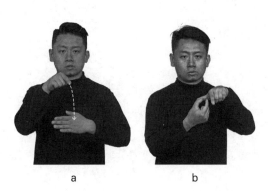

a   b

外公

打法详解

a. 左手掌横立，指尖朝右，掌心向内；右手食指伸出，在左手背外向下指。

b. 左手拇指与食指搭成直角，其余三指握拳，右手拇指和食指做成大半个圆圈放入直角内，形成"公"字形。

补充说明

该手势实际上即"外-公"。"公"的打法是仿字。

6. 外婆

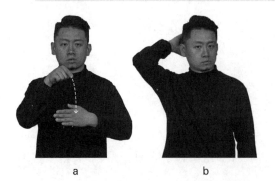

a   b

外婆

打法详解

a. 左手掌横立，指尖朝右，掌心向内；右手食指伸出，在左手背外向下指。

b. 右手五指微曲，罩在脑后。

补充说明

该手势实际上即"外-婆"。第二个动作是模拟老年妇女脑后的圆形发髻。

7. 儿子

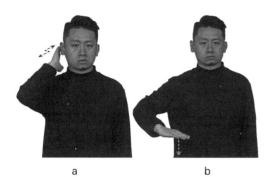

儿子

打法详解

a. 一手手掌直立并拢,指尖向上,掌心朝向自己,在头的一侧前后摆动。

b. 一手平伸,掌心朝下,向下一按。

补充说明

这个手势除了表示"儿子"之外,也可以表示"男孩"。注意第二个动作要依孩子的具体身高来打出。

8. 女儿

女儿

打法详解

a. 一手拇指和食指捏一下耳垂。

b. 一手平伸,掌心朝下,向下一按。

补充说明

这个手势除了表示"女儿"之外,也可以表示"女孩"。注意第二个动作要依孩子的具体身高来打出。

9. 哥哥

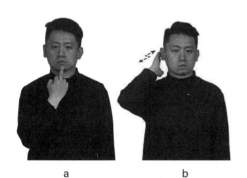

哥哥

打法详解

a. 一手中指伸直,指腹贴于下颌处,其余四指握拳。

b. 一手手掌直立并拢,指尖向上,掌心朝向自己,在头的一侧前后摆动。

补充说明

如果默认无名指指自己,那么中指就用来指兄弟姐妹中年纪长于自己者。

10. 姐姐

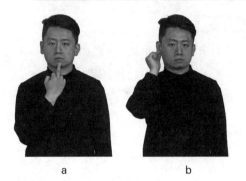

姐姐

打法详解

a. 右手中指伸直,指腹贴于下颔处,其余四指握拳。

b. 右手拇指和食指捏一下耳垂。

补充说明

如果默认无名指指自己,那么中指就用来指兄弟姐妹中年纪长于自己者。

11. 弟弟

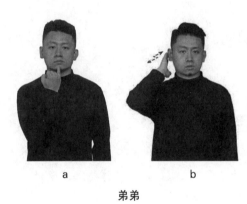

弟弟

打法详解

a. 右手小指伸直,指腹贴于下颔处,其余四指握拳。

b. 右手手掌直立并拢,指尖向上,掌心朝向自己,在头的一侧前后摆动。

补充说明

如果默认无名指指自己,那么小指就用来指兄弟姐妹中年纪幼于自己者。

12. 妹妹

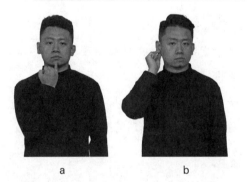

妹妹

打法详解

a. 右手小指伸直,指腹贴于下颔处,其余四指握拳。

b. 右手拇指和食指捏一下耳垂。

补充说明

如果默认无名指指自己,那么小指就用来指兄弟姐妹中年纪幼于自己者。

13. 舅舅

舅舅

打法详解

一手打字母"J"的指式,朝下颌一侧碰两下。

补充说明

舅舅的谐音是"九九"。

14. 阿姨

a　　　　　b

阿姨

打法详解

a. 一手打字母"A"的指式。
b. 一手打字母"Y"的指式。

补充说明

该手势是全部利用指拼表达词语的为数不多的范例之一。

15. 亲戚

亲戚

打法详解

右手手掌伸出,五指微曲,在下颌前左右划动几下。

补充说明

该手势使用了五根手指,意在体现亲戚数量一般都比较多。

16. 婴儿

婴儿

打法详解

一手放于胸前,五指微曲,如抱婴儿状,另一手在下方对其轻拍两下。

补充说明

该手势非常形象,听人也能理解。

17. 小孩

小孩

打法详解

一手手掌平伸,掌心朝下,向下按两下。

补充说明

注意根据孩子的具体身高来打这个手势。

18. 青年

青年

打法详解

一手在下颌处抚摸两下。

补充说明

该手势是用下颌刚刚长出胡子的样子来表示青年。

19. 成年人

a　　　　　b

成年人

打法详解

a. 一手手掌平伸,掌心朝下,然后向上缓缓移动。

b. 双手伸出食指搭出"人"字形。

补充说明

该手势的意思其实就是"长大之后的人"。

20. 老人

老人

打法详解

a. 右手拇指伸出,其余四指握拳,掌心贴于右面颊颧骨处,从上往下滑动一次。

b. 双手伸出食指搭出"人"字形。

补充说明

"长长的胡子"只是老年男性的特征,而这个手势中使用面颊皮肤松弛为理据,不管是老年男性还是老年女性都可以表达。

21. 结婚

结婚

打法详解

双手伸出拇指,指腹相对,虎口向上,其余四指握拳,然后拇指指尖同时弯曲一到两下。

补充说明

该手势是以中国传统婚礼上夫妻对拜的动作来表示结婚。

22. 丈夫

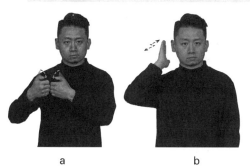

a　　　　　　b

丈夫

打法详解

a. 双手伸出拇指置于身侧,指腹相对,虎口向上,其余四指握拳,然后拇指指尖同时弯曲一下。

b. 一手手掌直立并拢,掌心朝向自己,在头的一侧前后摆动。

补充说明

该手势其实就是"爱人-男"。在具体语境下,有时候也可以省略"男",比如将"我的丈夫"直接打成"我/爱人",根据上下文来理解不会有歧义。

23. 妻子

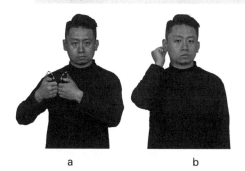

a　　　　　　b

妻子

打法详解

a. 双手伸出拇指置于身侧,指腹相对,虎口向上,其余四指握拳,然后拇指指尖同时弯曲一下。

b. 一手拇指和食指捏一下耳垂。

补充说明

该手势其实就是"爱人-女"。在具体语境下,有时候也可以省略"女",将"我的妻子"直接打成"我/爱人",根据上下文来理解不会有歧义。

24. 怀孕

怀孕

打法详解

单手手掌贴于胃部，往下兜出一个球形，如腹部隆起状。

补充说明

可根据实际怀孕月份的大小来模拟肚子的大小。

25. 生孩子

生孩子

打法详解

左手拇指伸出，其余四指微曲，手心朝向自己；右手拇指和小指伸出，先置于左手掌内，而后向下移动到左手下方。

补充说明

该手势是模拟孩子从母体内降生的过程。Y 手形表示孩子，也可以换成 NG 手形。

26. 客厅

a　　　　　b

客厅

打法详解

a. 双手手掌平摊，掌心向上，左右晃动一下。

b. 双手五指并拢，手掌伸直，指尖互搭成"∧"形。

补充说明

"家、房子"的手势是一个成词能力很强的词根，许多合成词都由它构成，类似的例子还有医院、学校、厨房等。

27. 卧室

卧室

打法详解

a. 一手掌心贴合脸颊,头微倾,闭眼。

b. 双手五指并拢,手掌伸直,指尖互搭成"∧"形。

补充说明

该手势其实就是"睡觉的房间"。

28. 书房

书房

打法详解

a. 双手手掌合拢,然后往两边摊开,如打开书本状。

b. 双手五指并拢,手掌伸直,指尖互搭成"∧"形。

补充说明

书房其实就是"有书的房间"。

29. 桌子

桌子

打法详解

双手手掌平伸,指尖向前,掌心向下,然后从中间向两侧平移拉开,再折向下移。

补充说明

该手势是直接模仿桌子的外形。根据实际情况,可以加上"方""圆""长方"等手势来进一步说明桌面的形状。

30. 椅子

椅子

打法详解

左手手掌直立，指尖朝上，掌心向右；右手食指、中指、无名指、小指并拢下弯，指尖抵住左掌心，与左手掌形成直角。

补充说明

该手势是直接模拟椅子的外形。

31. 床

床

打法详解

双手食指、小指向上直立，拇指与中指、无名指相捏合，掌心相对，拇指指尖相触。

补充说明

该手势是直接模拟床的外形。

32. 衣柜

a   b

衣柜

打法详解

a. 一手拇指、食指揪一下自己胸前的衣服。

b. 双手虚握，虎口朝上，从中间向两侧做弧形移动。

补充说明

该手势的第二个动作是直接模拟开柜门的动作。

33. 家具

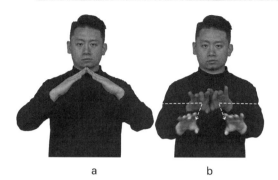

家具

打法详解

a. 双手五指并拢,手掌伸直,指尖互搭成"∧"形。

b. 双手拇指与中指相捏,其余三指自然微曲,双手食指互碰一下,同时张开五指。

补充说明

第二个动作是一个成词能力很强的词根,表示"东西""物体"等。"家具"实际上就是"家中的各种东西"。

34. 门

门

打法详解

双手五指并拢直立,指尖向上,掌心朝前,从两边往中间互碰,模仿关门的动作。

补充说明

这个手势和动词"关门"的区别在于动作幅度稍小,可以重复几次,而"关门"幅度较大,打一次即可。

35. 钥匙

钥匙

打法详解

左手手掌并拢侧立,指尖朝前,掌心向右,右手近似J手形,如执钥匙状,对准掌心转动几下。

补充说明

这个手势除了表示"钥匙",也可以表达"拿钥匙开门"的含义。

36. 工人

工人

打法详解

a. 左手食指、中指分开,指尖朝右,掌心向内,其余三指握拳,右手食指放于左手的食指、中指间,搭成"工"字。

b. 双手伸出食指互相搭出"人"字。

补充说明

该手势的两个动作都是仿字。

37. 农民

农民

打法详解

a. 双手五指微曲,掌心向下,一前一后,连续向下挖几下。

b. 左手食指与右手拇、食指搭成"民"字的一部分。

补充说明

该手势第一个动作是模仿锄地的动作。

38. 商人

商人

打法详解

a. 双手手掌横伸,掌心向上,在胸前前后交替转动几下。

b. 双手伸出食指互搭成"人"字形。

补充说明

该手势的第一个动作是"买卖、交换"的意思。

39. 医生

医生

打法详解

一手拇指、食指搭成"十"字放置于前额。

补充说明

该手势是以红十字的标志来表示医生。

40. 领导

领导

打法详解

一手伸出拇指、食指、中指,其余二指握拳,食指、中指伸直,拇指指尖抵于前额。

补充说明

有人认为这个手势的理据是中国古代官员乌纱帽的帽缨。

41. 老板

a   b

老板

打法详解

a. 右手侧立伸出拇指,其余四指握拳,掌心向左,然后贴于右面颊,从上往下划动至下颌旁。

b. 右手手掌放于腰间拍一下。

补充说明

该手势是以荷包充实这一特征来表示老板。

42. 公司

a   b

公司

打法详解

a. 左手拇指与食指搭成直角,其余三指握拳,右手拇指和食指捏成大半个圆圈放入直角内,形成"公"字形。

b. 右手打字母"S"的指式。

补充说明

"公"是仿字,"司"是指拼。

43. 演员

演员

打法详解

a. 双手伸出拇指、小指,其余三指握拳,掌心向内,前后交替转动几下。

b. 右手拇指、食指捏成小圆圈,贴于左胸。

补充说明

该手势的第一个动作是"表演"之意,即两个人的交替互动。第二个动作意为"成员"。

44. 司机

司机

打法详解

双手作虚握方向盘状,左右转动。

补充说明

该手势也可表达驾驶动作。

45. 厨师

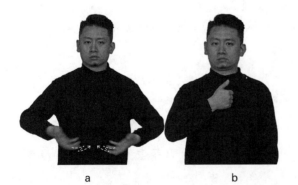

厨师

打法详解

a. 双手手掌伸出,五指并拢,同时由两边向中间铲动几下,如炒菜状。

b. 一手伸出拇指,指尖向上,其余四指握拳,掌心朝向自己,贴于胸口。

补充说明

该手势的第二个动作表示"师",即有一定技艺水准和身份地位的人。

46. 主任

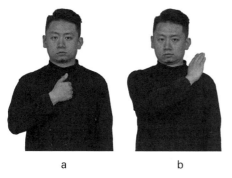

a　b

主任

打法详解

a. 一手伸出拇指，指尖向上，其余四指握拳，掌心朝向自己，贴于胸口。
b. 右手拇指伸直，其余四指并拢，与拇指间成一条缝隙，然后放置于左肩上。

补充说明

该手势实际上即"主-任"。第二个动作表示"任务"。

47. 记者

a　b

记者

打法详解

a. 一手打字母"J"指式并放于前额。
b. 右手拳头虚握，由嘴部向前一挥，如伸话筒采访状。

补充说明

该手势的第一个动作是"记忆、记录"的意思。许多与大脑、思想有关的手势常在头部打出。

48. 运动员

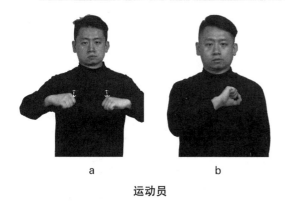

a　b

运动员

打法详解

a. 双手握拳屈肘，用力向后移动两下。
b. 右手拇指、食指捏成小圆圈，贴于左胸。

补充说明

该手势的第二个动作是"员工"的意思。其他词语如炊事员、饲养员、驾驶员等也有这个动作出现。

49. 警察

警察

打法详解

一手五指虚握拳头,掌心朝前放置于前额,然后向外张开五指。

补充说明

该手势的理据是模拟警帽上发光的徽章。

50. 解放军

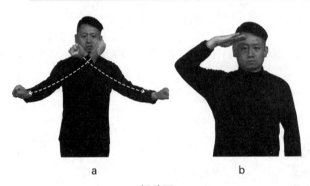

a　　　　　　b
解放军

打法详解

a. 双手握拳,腕部交叉相贴,然后各自向两侧移动分开。

b. 右手拇指弯曲于掌心内,其余四指并拢,掌心向下,放于前额表示军帽帽檐。

补充说明

该手势的第一个动作是用挣脱镣铐的动作来表示"解放"。

第三节　句子学习

扫描二维码
观看微课视频

1. 我家有五口人:爸爸、妈妈、爷爷、妹妹和我。 我/家/人/5,第一/爷爷/第二/爸爸/第三/妈妈/第四/我/第五/妹妹。	**学习提示** 1. 手语中一般不使用汉语量词,"五口人"打成"人/5"。 2. 这句话用汉语表达时,一般习惯先说"爸爸妈妈",再说自己,但手语中利用五根指头的顺序来表达,自然而然将年长的爷爷放在第一个说,依年龄长幼排序。 3. 五根手指可以用来表示家庭成员的长幼尊卑——爸爸是家中的老大,用拇指表示,其次是妈妈,用食指表示,无名指默认指自己,中指为平辈中较年长的哥哥姐姐,小指为平辈中较年幼的弟弟妹妹。
2. 我的外公是个医生,但现在已经退休了。 我/外公/医生/是,现在/他/退-休/完了。	**学习提示** 手语中的"完了"可以作为完成体的语法标记。"退休/完了"表示已经退休了。

(续表)

3.	昨天我姐姐剖宫产生了个儿子。 昨天/我/姐姐/手术/生/婴儿/男。	**学习提示** 1. "生孩子"的打法,用"婴儿"比用"孩子"更贴切。 2. "手术"的打法是模拟手术刀在腹部横切的动作。 3. "生孩子"在先,生出来才知道男女,因此在这里将"男"放在最后。
4.	过年时合家团聚是中国人的习惯。 过年/时候/家/亲戚/围坐/聚餐/是/中国/人/习惯。	**学习提示** 1. "过年"的手势是抱拳拱手,如拜年状。这个手势也可推而广之表示节日、庆祝等含义。 2. 手语能很好地利用空间方位,比如"围着圆桌子坐""坐成一排""面对面坐着"都能很形象地表达出来。
5.	我家两室一厅,客厅很大,但卧室很小。 我/家/二一,指(一)/客-厅/大,指(二)/卧室/小。	**学习提示** 1. "两室一厅"的打法是一手打二,一手打一,同理类推,也可打出"三室一厅""四室两厅"等。 2. "大""小"等手势可以根据实际情况决定具体打法。
6.	你房间里的家具真漂亮!在什么地方买的? 你/房间/东西/各种各样/像/衣-柜/桌子/椅子/漂亮!你/在/哪/买?	**学习提示** 1. "家具"是一个集合名词,手语中对集合名词的表达经常采取举例的方法,如本句即举了衣柜、桌子、椅子作为例子。"交通工具""节日"等概念也可以用这种方法表达。 2. "真""很""非常""特别"等程度副词,在手语中可以用夸张的面部表情来代替。
7.	我家有很多亲戚,但都在外地,不常往来。 我/家/亲戚/多,指(第三方)/外地,常常/往来/没有。	**学习提示** 1. 这里的"外地"是手语中一个约定俗成的打法,一手手掌横立,掌心朝向自己,另一手五指指尖接触其手背,然后向外扫几下。这个手势由"外"演变而来。 2. "往来"的打法其实就是"互相走动,有来有往"。
8.	我和爸爸妈妈打算星期六去舅舅家做客。 我/和/爸爸/妈妈/计划/星期六/去/舅舅/家/吃饭。	**学习提示** "做客"的打法比较多,要根据具体语境选用,有时候可打"吃饭",有时也可打"玩"等。
9.	哎呀!我忘了带钥匙,门打不开了,怎么办? 哎呀!钥匙/忘记,门/锁,怎么办?	**学习提示** 1. "哎呀"的打法是以拳头砸掌心,同时配合焦急的面部表情。 2. 手语倾向于以更直接的方式表达事物,比如汉语说"门打不开了",手语则会直接说"门锁了"。
10.	我的舅舅去年结的婚,舅妈是个演员,长得非常漂亮。 去-年/舅舅/结婚/完了,舅-妈/是/演-员,脸/漂亮。	**学习提示** 1. "舅妈是演员"中的"是"可以省去,不影响意义的表达。 2. "漂亮"这个手势也可以指其他事物的"美丽",在前面加上"脸"可以更清楚地指明在这里是说人长得漂亮。
11.	我小时候的梦想是长大当老板,赚很多很多的钱。 我/以前/小孩/梦/做/老板,赚钱++/钱/多。	**学习提示** 1. 手掌放在肩膀上方朝身后挥动表示"以前",放在腰侧向身后挥动表示"以后"。也有聋人用手掌往身前挥动的打法来表示"以后"。 2. "钱"的打法有二:一为拇指与食指圈成小圈,一为拇指、食指与中指互相捻动。在此句中先打"赚钱",即食指勾住表示钱的小圆圈朝自己移动,然后再打"钱"的第二种打法。

（续表）

12.	我推开门,看见他正躺在床上看书,我没有打扰他,关上门退出来了。 推开门/看(自身→对方),人躺在床上/看书,问(自身→对方)/闭嘴/(摇手)算了,关门/退/离开。	**学习提示** 1. 在本句中,手语对空间方位的运用体现得淋漓尽致。从开头到结尾,空间方位都是前后一致的。 2. "人躺在床上"的打法以 Y 手形作为人的类标记,从而将一个句子简化为一个动作。
13.	屋子里摆着一张方桌子,桌子四边放着四把椅子。 房屋/里/桌子/方,椅子/椅子/椅子/椅子/4。	**学习提示** 1. "椅子"在方桌四边分别打四次,表示桌子四面放着四把椅子。这是手语长于表达空间方位的又一典型例证。 2. 这里"方"的打法是模拟桌面边缘的形状。
14.	我的爸爸五十岁了,还在学开车呢。 我/爸爸/年龄/50,他/现在/学/开车。	**学习提示** 父亲五十岁了还在学开车,这句话的语气是半惊讶半赞叹的,打手语时要注意面部表情。
15.	阿姨今天没有来,因为家里有小宝宝需要照顾。 阿姨/今天/来/没有,她/家/宝宝/照顾(摊手)。	**学习提示** 1. 手语中常将"没有"等否定词后置。 2. 摊手的动作配合面部表情,可以表示无奈、没办法等。
16.	他们俩结婚五年了,但还没有孩子。 他们俩/结婚/五年,生/孩子/没有。	**学习提示** "五年"的打法是"五"和"年"的合并,用一个手势即可表达,并不需要先打"五"再打"年"。
17.	我一天天长大了,爸爸妈妈一天天变老了。 我/长大——,爸爸/妈妈/老---。	**学习提示** "长大"和"老"这两个手势的放慢和延长表示缓慢变化的过程。
18.	我哥哥是个警察,工作非常辛苦,经常需要加班。 我/哥哥/警察,工作/累,常常/加班。	**学习提示** "辛苦"和"累"是同义词,因此这里用"累"来表达。
19.	明年我打算搬家到上海。 明年/我/计划/搬家(自身→第三方)/上海。	**学习提示** 1. "打算"在本句中的意思是"筹划",因此选用"计划"的手势来表达。 2. "搬家"具有方向性。而且,该手势运动距离的大小还可以表达搬迁的远近。
20.	今天是我妹妹的生日,我买了个大蛋糕,想给她一个惊喜。 今天/我/妹妹/生日,我/买/生日蛋糕,想/给(自身→对方)/惊-喜。	**学习提示** 1. "生日蛋糕"的手势可大可小,根据蛋糕的实际大小而定。 2. 动词"给"具有方向性。

第四节　会话学习

扫描二维码
观看微课视频

【会话1　参观新家】

A：欢迎来做客。请坐，喝茶。 　　欢迎，坐/喝水。	在此句中，无须专门打出"请"，礼貌的面部表情已足够传情达意。
B：你的家真大，很漂亮！是两室一厅吗？ 　　你/新/家/大/漂亮，两室一厅/是？	
A：不，三室一厅。来，我带你看看，这是我爸爸妈妈的房间。 　　不/三室一厅。（招手示意）我/带，指（这里）/我/爸爸/妈妈/卧室。	听人用口语介绍自家格局时，也会频繁配合指点的动作。
B：哦，他们经常来住吗？ 　　（点头）哦，他/他俩/常常/来/住/是？	这里的"他"与其说是第三人称单数代词，不如说已经虚化了，更像是"这""那"之类的指示代词。
A：是的，他们退休了，常常会来的。 　　是，他/他俩/退-休/完了，常常/往来。	
B：这是你自己的卧室吧？ 　　（抬手招呼对方）指（这里）/你/自己/卧室/是？	抬手招呼这个动作，在这里相当于口语中的"哎"。
A：是的，里面还有一个小的洗手间，外面那个是大的。 　　是，指（这里）/里面/厕所/小，外面/指（那里）/厕所/大。	"小"是修饰"厕所"的，手语一般习惯先打出主题词，然后再打出修饰语。
B：这是书房了，你的书真多。 　　指（这里）/你/书-房，指（这里）/书/多！	手语用表情的夸张和速度的放慢来表达感叹语气。
A：是呀，我专门上网买了一个大书架，把书全摆在这里。那是我的笔记本电脑，可以工作用。 　　是，我/上-网/买/书-架，放一排书（上方）/放一排书（下方），指（下面）/笔记本电脑，我/工作。	反复打出"放"表示书非常多，放了好几排。
B：你还没有结婚，一个人住这么一个大房子，真舒服呦！ 　　你/结婚/没有，你/房子/大（指点四周），自己/1/住，好/舒服/好++。	反复打出"好"表示语气的强调。

【会话2 周末】

A：昨天星期六，你做了些啥？ 　　昨天/星期六,你/做/什么？ B：我爸爸妈妈去买东西，我和姐姐到舅舅家去了。 　　我/爸爸/妈妈/去/买/东西,我/姐姐/我们俩/到/舅舅/家。	
A：你姐姐今年多大？结婚了没有？ 　　你/姐姐/年龄/多少？结婚/有？	"结婚/有"加上疑问表情，表示"结婚了吗"。
B：她今年28，结婚两年了。 　　年龄/28,结婚/完了/两年。	"28"可以打"2-8"，也可以先打二十的手势，然后打八。
A：哦，她是做什么的呢？ 　　(点头)她/做/什么？	
B：她是医生，工作很忙，常常加班。对了，你昨天干嘛去了？ 　　她/医生,工作/忙,常常/加班。(抬手招呼对方)你/昨天/做/什么？	
A：我星期六在家休息呢，星期日和朋友一起去爬山了。 　　星期六/在/在家里/休息,星期日/和/朋友/去/爬/山。	此句中的"去"是双手撑在一起，五指微曲，向外移动，模拟许多人一起去的样子。
B：那很好呀，你们几个人？玩得开心吗？ 　　好++,人/你们/人/多少？玩/好不好？	"好"重复打多次，表示程度的加强。
A：有四个人，玩得挺开心的。 　　人/4,玩/高兴/好++。	手语中一般不使用汉语量词，"四个人"打成"人/4"。

第五节　聋人文化专题——Deaf、deaf 和 CODA

在汉英词典里，"deaf"一词指聋。过去，人们的传统观念是"十聋九哑"，所以常常也将聋人称为"聋哑人"（deaf and dumb），或者直接把他们叫作"哑巴"。但是，聋人真的"哑"吗？如果大家和聋人朋友有过实际接触，就会知道，他们的发音器官都是完好无损的，发音对他们来说不是件难事。许多经过言语康复训练的聋人都会讲话，有的甚至拿到了普通话水平测试的一级、二级证书，还有的在演讲比赛中获奖，在文艺晚会上登台朗诵。更重要的是，在英语中，"dumb"一词除了"哑"之外，还有"愚笨"之意。所以，现在已经不提倡用"聋哑人"或"deaf and dumb"来称呼聋人了。

那么,什么是更文明的称呼呢?

我们可以换个比较委婉的说法,比如说聋人是"耳朵不方便的人""听力有障碍的人",是"听障者""听障人士"。在中国的语境下,这种称呼是被大众广泛接受的,尤其是被很多聋童家长所接受,认为这样"不那么刺耳"。但是在西方,"听障"(hearing-impaired)这个词近年来却有相当大的争议。许多人认为"障碍"一词不恰当,它意味着"损害"和"缺陷",强调了聋人"做不到""有问题"。

随着时代的进步,国际上对"聋"的解读由医学角度、康复学角度逐步向社会学和文化学角度转轨。美国有不少聋人一般喜欢直接称自己为 Deaf。在他们看来,耳聋就像有些人视力不好一样,是一种自然的身体特征,并不需要把它看成是缺陷。因此,他们将"deaf"的首字母大写,以表明这代表一个专门的群体,是一个专有名词。

这样,Deaf 和 deaf 的区别就很明确了——Deaf 是会手语、认同聋人文化的人,是社会文化意义上的聋人;而 deaf 则只是听力存在损失,是医学意义上的聋人。比如说,你的爷爷年纪大了,听力下降了,必须凭借助听器才能交流,那他就是一名 deaf,但我们不能说他是 Deaf。

有趣的是,有些人把会手语和认同聋人文化的听人也归为 Deaf 一类,也就是说,他们是"文化意义上的聋人"。

如果两个聋人结婚,或者聋人和听人结婚,生下了孩子,那么这个孩子就叫作 CODA(Children of Deaf Adult),即"成年聋人所生的健听孩子"。CODA 们的成长背景和语言使用状况各不相同。有的 CODA 从小跟着爷爷奶奶、外祖父外祖母生活,和聋人父母缺乏互动,也不太会使用手语;而另一些 CODA 则自幼从父母那里习得手语,和父母沟通无碍,成为家里的"小小翻译官"。无论在国内还是国外,都有许多 CODA 孩子长大后成为了手语翻译员和聋校教师,为沟通聋、听两个世界而不懈努力。在我国,来自绍兴的王丽娅、来自大连的迟耀明等人是他们中的杰出代表。2022 年,一部名为 *CODA* 的电影在第 94 届奥斯卡颁奖典礼上获得了最佳影片奖,使 CODA 这一群体更加广为人知。

第三章

日常生活

第一节 手语语言学专题——手语三要素

作为一种视觉语言,手语与有声语言相比有其特殊性。首先,手语是在空间中完成的,使用者需要具备空间图解能力才能有效理解手语内容。其次,手语没有书面语和口语之分,它的所有表达都是即时的。再次,手语除手部动作外,还会经常使用面部表情、头部动作、身体倾斜等非手控特征来表达意义。最后,手语作为聋人的语言,背后隐藏着以视觉性为主要特征的聋人文化,使用者只有了解了语言背后的社会文化,才能达到顺畅交流的目的。

众所周知,主流语言的三要素是语音、语汇、语法。对手语这种无声语言而言,也存在三个对应的要素。

首先说语音。手语是无声的语言,因此,这里的"语音"不能从字面意义上去理解,手的种种形态和动作就是手语的"语音"。在有声语言里,发音部位与发音方法决定了发出来的是什么样的音。而在打手语的过程中,手的手形(handshape)、位置(location)、运动(movement)、方向(orientation)是用来描写手语形态的四个区别性特征。只要有一个区别性特征有所不同,意义上就产生了差别,就可以把两个不同的手势区别开来。比如"爸爸"和"妈妈"这两个手语词,只有手形不同,而其他要素相同。

其次说语汇。手语中和有声语言一样也存在"词素"和"词"。由单个词素组成的词是单纯词,如"兔子""伤心"等,由两个或两个以上词素组成的词是合成词,如:办公室=办+公+房子。

办公室 = 办 + 公 + 房子

中国手语的词汇体系中存在许多借用汉语的现象,如仿字、书空、指拼等,还有把汉语词素逐个对译成手势的"仿译",如将"工人"翻译为"工-人"等。但这并不能说明中国手语就是依附于汉语的,这只是一种强势语言向弱势语言的渗透,是语言接触所必然产生的结果。

最后说语法。有人认为,手语没有语法,只是形象地模仿和随意地比画。事实上,这是很片面的观点。细心观察聋人用手语交谈可以发现,他们的表达是有规律可循的。如果学习手语却不了解这些规律,那么就算是掌握了大量的手语词汇,也是无法和聋人顺畅交流的。作为一种视觉语言,手语有许多完全不同于有声语言的独特的语法现象和规律,如:按照事件的发生顺序或认知的先后顺序安排语序、否定词常后置、部分动词有方向性、表情体态可以作为语法标记等。这些语法规律远远没有被研究透彻,目前,世界各国的手语语言学家都在为探索和总结手语语法的本质特征而努力。

总之,手语的语音、语汇、语法都有自己独特的呈现。聋人虽然失去了听力,但语言的大门并不因他们的生理障碍关闭,手语仍然是一个严密的语言系统。恰如美国一位知名聋人榜样所言:"手语是上帝赐予聋人的最高贵的礼物。"

第二节 词语学习

扫描二维码
观看微课视频

一、词语学习汇总

1.	早上	2.	晚上	3.	上午	4.	下午	5.	睡觉
6.	休息	7.	起床	8.	刷牙	9.	洗脸	10.	梳头
11.	化妆	12.	刮脸	13.	洗澡	14.	洗头	15.	洗衣服
16.	理发	17.	扫地	18.	买菜	19.	做饭	20.	找
21.	问	22.	走路	23.	坐公交	24.	上学	25.	上班
26.	请假	27.	办事	28.	开会	29.	签字	30.	排队
31.	开车	32.	看书	33.	看报纸	34.	上网	35.	微信
36.	喝咖啡	37.	喝茶	38.	玩	39.	逛街	40.	探望
41.	谈恋爱	42.	开玩笑	43.	关系	44.	约会	45.	陪
46.	等待	47.	结束	48.	记得	49.	忘记	50.	再

二、具体打法

1. 早上

早上(打法1)

打法详解

一手五指撮合,手背向上,放于面前,然后逐渐向上移动并张开五指。

补充说明

该手势是用天色由暗变亮来指代早上。

早上(打法2)

打法详解

一手掌心在下颌处从左至右抚摸一下。

补充说明

该手势为上海等地聋人所使用的手语打法。有人认为该手势由清早用毛巾洗脸的动作演化而来。

2. 晚上

晚上

打法详解

一手拇指与并拢的四指成直角,放于面前,然后边向下移边捏合五指。

补充说明

该手势是用天色由亮转暗来指代夜晚。

3. 上午

上午

打法详解

一手手掌侧立,食指指向上方,其余四指握拳,然后手掌微向上移动并同时张开五指。

补充说明

该手势为北京等地聋人的打法,借用谐音"上五"来表达。

4. 下午

下午(打法1)

打法　详解

一手手掌侧立,拇指和中指捏合,其余三指指向下方,然后手掌微向下移动并同时张开五指。

补充说明

该手势为北京等地聋人的打法,借用谐音"下五"来表达。

下午(打法2)

打法　详解

一手食指、中指伸直并分开,其余三指握拳,拇指搭在无名指第二指节上,手背紧贴下颌,食指和中指弯曲两下。

补充说明

该手势为上海、武汉等地聋人的打法。

5. 睡觉

睡觉

打法详解

一手掌心贴合，放置于头部一侧，头微斜并闭上眼睛。

补充说明

该手势非常形象，听人也可以理解。

6. 休息

休息

打法详解

双手手臂交叉贴于胸部轻拍两下。

补充说明

该手势非常形象，听人也可以理解。

7. 起床

起床

打法详解

左手横伸，右手拇指和小指伸直，其余三指握拳，手背贴于左手中指指尖处，然后以小指为支点，立起拇指。

补充说明

该手势模拟一个人从躺在床上到坐起的样子。

8. 刷牙

刷牙

打法详解

一手伸出食指放于嘴前上下移动，模拟刷牙状。

补充说明

该手势非常形象，听人也可以理解。

9. 洗脸

洗脸

打法详解

一手(或双手)食指、中指、无名指、小指并拢,掌心朝向脸部,在面部转动一或两圈,如洗脸状。

补充说明

该手势非常形象,听人也可以理解。

10. 梳头

梳头

打法详解

一手虚握拳头,如拿梳子状,做梳头的动作。

补充说明

该手势非常形象,听人也可以理解。

11. 化妆

化妆

打法详解

双手五指撮合,在脸颊两侧交替做抹粉的动作。

补充说明

该手势非常形象,听人也可以理解。根据具体语境也可以换用画眉、刷睫毛、涂口红的动作。

12. 刮脸

刮脸

打法详解

一手食指弯曲如钩状,其余四指握拳,食指在面颊区域来回刮动。

补充说明

该手势非常形象,听人也可以理解。

13. 洗澡

洗澡

打法详解

双手五指张开,手心贴于胸部,上下交替移动几下。

补充说明

该手势非常形象,听人也可以理解。

14. 洗头

洗头

打法详解

一手(或双手)五指弯曲,掌心向下,在头发上随意轻抓,头微低,模仿洗头动作。

补充说明

该手势非常形象,听人也可以理解。

15. 洗衣服

a　　　b

洗衣服

打法详解

a. 双手握拳,相互摩擦,模仿揉洗衣服的动作。

b. 一手拇指、食指揪一下自己胸前的衣服。

补充说明

该手势非常形象,听人也可以理解。

16. 理发

理发

打法详解

一手拇指、食指弯曲,指尖朝内,置于发际,然后向上推动两下。

补充说明

该手势的理据为模拟用电动推子理发的动作。

17. 扫地

扫地

打法详解

左手手掌平摊,掌心朝上;右手五指指尖在左手掌心上拂动。

补充说明

该手势的理据为模拟扫帚在地上扫动。

18. 买菜

a

b

买菜

打法详解

a. 左手手掌横伸,掌心向上,右手背在左手掌心轻拍一下,然后朝自己移动。

b. 右手在胸前撮合五指,然后向上移动并同时张开五指。

补充说明

注意"菜"和"花"的区别,打"花"时,动作较慢,模拟花瓣向外展开状,面露愉悦表情,打"菜"时动作较快并微微向上移动,表情中性。也可以配合口型或结合语境来表达。

19. 做饭

a

b

做饭

打法详解

a. 一手五指微曲,如按物状,另一手掌侧立,向下作切菜动作。

b. 双手五指并拢,手掌同时向中间铲动几下,如炒菜状。

补充说明

该手势实际上就是"切菜-炒菜"。

20. 找

找

打法详解

双手食指、中指伸直分开,掌心朝下,指尖向前,其余三指握拳,双手交替划圆,面露寻找的表情。

补充说明

该手势在"看"手势的基础上变化而来。注意打该手势时,眼神和手的方向是灵活可变的,根据语境而定。

21. 问

问

打法详解

一手五指微曲,掌心朝前,放于嘴前,然后向前移动两下。

补充说明

注意打该手势时要加上疑问的表情,上身略略前倾,表示向他人发问。

22. 走路

走路

打法详解

一手食指、中指伸直分开,指尖朝下,其余三指握拳,拇指搭于无名指二指节上,然后食指、中指交替向前移动。

补充说明

该手势的理据为模拟走路时两条腿的交替前进。可根据实际步行速度来调整该手势的快慢。

23. 坐公交

坐公交

打法详解

一手握拳上举,虎口朝后,前后移动两下。

补充说明

该手势的理据是模拟在公交车上手握上方拉环的动作。

24. 上学

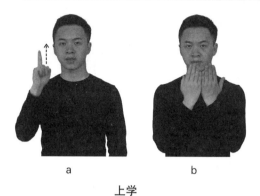

上学

打法详解

a. 一手食指直立,向上一指。

b. 双手手掌平摊,并在一起,掌心朝向自己,放于胸前,如读书状。

补充说明

该手势第二个动作是以读书这一特征来表示学。

25. 上班

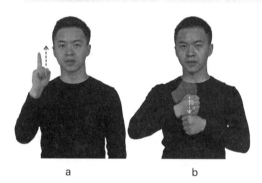

上班(打法1)

打法 详解

a. 一手食指直立,向上一指。

b. 双手握拳,右上左下,右拳向下砸一下左拳。

补充说明

该手势是汉语词的仿译。

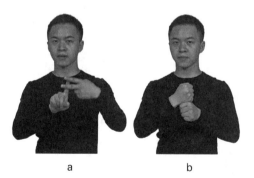

上班(打法2)

打法 详解

a. 左手食指、中指分开,指尖朝右,掌心向内,其余三指握拳,右手食指放于左手的食指、中指间,搭成"工"字。

b. 双手握拳,右上左下,右拳向下砸一下左拳。

补充说明

该手势其实就是"工作"的意思。

26. 请假

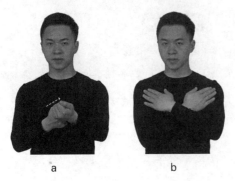

请假

打法详解

a. 右手食指伸直,其余四指握拳,食指放入左手掌心,然后左手迅速捏拳并向上移动。

b. 双手手臂自然交叉贴于胸部。

补充说明

该手势的第一个动作也有"申请"之意。

27. 办事

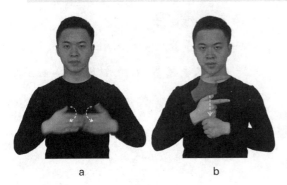

办事

打法详解

a. 双手手掌横立,掌心朝向自己,指尖前后互碰几下。

b. 左手握拳,虎口朝上;右手拇指和食指伸直,其余三指握拳,然后从上至下落到左手拳头上。

补充说明

该手势打法实际上即"办-事"。

28. 开会

开会

打法详解

双手拇指伸直,其余四指往前微曲,掌心分别向左右斜前方,然后除拇指外的其余四指同时相对弯曲两下。

补充说明

有人认为该手势很像两拨人面对面互动讨论的样子。

29. 签字

签字

打法详解

左手手掌平摊,掌心朝上;右手拇指、食指捏成小圆圈,其余三指指尖朝下直立,在左手掌心点两下。

补充说明

中国人的姓名一般是两到三个字,手语中用中指、无名指和小指三根指头表示名字,放在耳旁即"闻名",放在手掌上即"在纸上签名"。

30. 排队

排队

打法详解

双手手掌侧立,指尖向上,一前一后,如众人排队状,左手在前不动,后面的右手朝前碰两下左手。

补充说明

可以根据实际排队的方向决定双手的位置。

31. 开车

开车

打法详解

双手虚握,如执方向盘状,左右转动。

补充说明

该手势非常形象,听人也可以理解。

32. 看书

a　　　　b
看书

打法详解

a. 一手食指、中指伸直分开,指尖朝前,其余三指握拳,放于眼前,然后向前移动。

b. 双手掌心于胸前贴合,然后朝两边翻开,如翻书状。

补充说明

根据具体阅读的速度和态度等不同,可以在此手势的基础上作灵活变化。

33. 看报纸

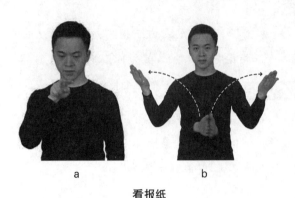

看报纸

打法详解

a. 一手食指、中指伸直分开，指尖朝前，其余三指握拳，放于眼前，然后向前移动。

b. 双手掌心于胸前贴合，然后分别向两边打开，动作稍大，如翻开报纸状。

补充说明

根据看的报纸大小、张数多少、阅读速度快慢的不同，可以在此手势的基础上进行灵活变化。

34. 上网

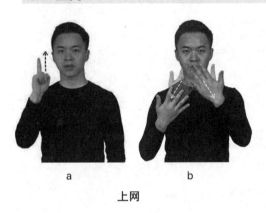

上网

打法详解

a. 食指向上指一下。

b. 双手五指伸直张开，交叉于面前，模拟网的外形，然后向斜下方移动并拉开。

补充说明

有时聋人也会在该手势后附加一个敲击键盘的动作以进一步说明是用电脑上网。

35. 微信

微信

打法详解

a. 一手打手指字母"W"的指式。

b. 左手五指成"匸"形，手背朝外；右手除拇指外四指并拢，指尖向下，插入左手虎口内。

补充说明

该手势为汉语词的仿译。

36. 喝咖啡

喝咖啡

打法详解

a. 左手拇指与其余四指围成半圆形,右手打字母"K"的指式,中指放于半圆内并做圆周运动。

b. 左手拇指与其余四指围成半圆形放于嘴前,模拟仰头喝水状。

补充说明

该手势的表达顺序为主题在前,说明在后,即"咖啡-喝"。"咖啡"的手势既包含了指拼"K",也有搅拌咖啡的理据在其中。

37. 喝茶

喝茶

打法详解

a. 左手拇指与其余四指围成半圆形,虎口朝上;右手拇指、食指、中指相捏,指尖朝下,移动到左手虎口处分开。

b. 左手移动到嘴前,模拟喝茶状。

补充说明

该手势的第一个动作即模拟向杯中放茶叶的动作。

38. 玩

玩(打法1)

打法 详解

双手五指掌心朝向自己,然后相互前后交替转动几下,面露愉悦的表情。

补充说明

该手势尤其常用来表示孩子的"玩"。

玩(打法 2)

> **打法 详解**

双手拇指、小指伸直,其余三指握拳,掌心朝向自己,然后前后交替转动几下。

> **补充说明**

该手势侧重表示多人一起玩、外出游玩等,除表示"玩"外,还可表示"表演""舞蹈"等,要结合语境和面部表情来理解。

39. 逛街

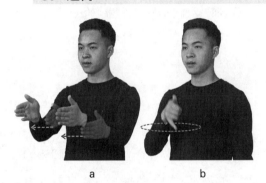

逛街

> **打法详解**

a. 双手手掌侧立,五指并拢,指尖朝前,掌心相对,然后同时向前移动。

b. 一手拇指、小指伸直,其余三指握拳,拇指朝上,小指朝下,在胸前平转几圈。

> **补充说明**

该手势的表达顺序为主题在前,说明在后,即"街-逛"。

40. 探望

探望

> **打法详解**

一手食指、中指伸直分开,指尖朝前,其余三指握拳,放于眼前,然后向前微微移动两下,同时上身稍稍前倾。

> **补充说明**

打该手势时,注意上身略前倾,面露关切表情,区别于一般的"看"。

41. 谈恋爱

谈恋爱

打法详解

双手拇指和食指的指尖互触，其余三指握拳，形成一个心形，放于胸前平行转动。

补充说明

注意配合甜蜜的面部表情。

42. 开玩笑

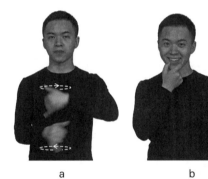

a　　　　　　b

开玩笑

打法详解

a. 双手伸拇指、小指伸直，一上一下，顺时针平行交替转动一圈。

b. 一手拇指、食指弯曲，指尖朝内，置于下颌，面带笑容。

补充说明

注意配合轻松诙谐的面部表情。

43. 关系

关系

打法详解

两手拇指、食指互相套环。

补充说明

注意打该手势时双手相对静止，否则可能会被误解为动词"联系、联络"。

44. 约会

a-1　　　　　a-2

b

约会

打法详解

a. 双手互击两下,表示约定。

b. 双手伸拇指、小指伸直,其余手指握拳,指尖左右相对,从两侧向中间移动。

补充说明

该手势实际上就是"约定-见面"。

45. 陪

陪

打法详解

双手食指伸出直立,指尖朝上,其余四指握拳,两手一前一后,同时向前移动。

补充说明

该手势具有方向性,可以直接体现"谁陪谁"。

46. 等待

等待

打法详解

一手手掌横伸,五指并拢,掌心向下,手背抵于下颌处。

补充说明

注意打这个手势时手放在下颌处不要动,如果连续用手背向上拍打下颌,有可能被误解为"活该"。

47. 结束

结束

打法详解

双手或单手直立,掌心向外,拇指和其余四指分开,然后捏合并向下一甩,同时张开五指。

补充说明

向下甩动双手表示放下手头的事情,也即结束。

48. 记得

记得

打法详解

一手打字母"J"的指式,食指抵于前额不动。

补充说明

该手势运用了指拼的方法。此外,大脑是思维的器官,因此许多与记忆、思想、智力相关的手势都在头部附近打出。

49. 忘记

忘记

打法详解

一手五指撮合,指尖抵于前额,然后往头的后方甩动,同时张开五指。

补充说明

该手势表示将脑海中记得的事情抛到脑后。

50. 再

再

打法详解

右手在胸前握拳,然后快速向左移动的同时伸出食指和中指。

补充说明

有人认为该手势由先打一、再打二的动作变化而来。

第三节　句子学习

1. 这本书我已经看完了。 指(这)/书/我/看/完了。	**学习提示** 此处的"完了"放在动词之后,表示完成体,即动作已经结束。
2. 他每天早上六点整起床去跑步。 他/每天/6点/起床/去/跑步。	**学习提示** "六点"的手势为一手比六,放在另一手手腕处,表示手表上显示的时间是六点钟。
3. 晚上早点回家,别逛街逛太久。 晚上/快/回-家,逛街/时间长/不行。	**学习提示** 这句话是以父母的口吻对孩子说的,说话时所在的位置是家中,因此用"来/家"表示回家。如果说话时人在外面,不在家中,则使用"去/家"。
4. 今天我起晚了,没有刷牙洗脸,就去上课了。 今天/起床/迟,刷牙/洗脸/没有,去/上课。	**学习提示** 左手手掌侧立,指尖朝上,掌心向右,右手拇指抵住左掌心,其余四指并齐朝下转动,表示时间的迟、晚。
5. 我排队排了好久才买到火车票。 我/排队/等/时间长,排到/火车-票/买/成功。	**学习提示** 1. "排队"的手势加以幅度微小变化,可以表达"队伍慢慢缩短"的意思。 2. "成功"的手势也可以表示"得到,取得"。
6. 我的眼镜不见了,怎么办?你能帮我找找吗? 我/眼镜/没有,怎么办?你/帮助(对方→自身)/找/好不好?	**学习提示** 双手手掌一前一后,互相拍击几下,是"办"的手势,配合摊手动作,同时面露焦急的表情,表示"怎么办"。
7. 他家有点远,我们是走路去还是坐公交车去? 他/家/远,我们/第一/走路/第二/坐公交车/二选一/什么?	**学习提示** 1. 此句中的"远"可以通过调整动作幅度和面部表情来表示是有点远,还是非常远。 2. 用若干根手指代表若干个选择,表意非常清楚,是手语中常常用到的方法。
8. 下班后,丈夫去接孩子回家,妻子去买菜做饭。 工作/完了,丈夫/去/孩子/接/回-家,妻子/去/买-菜/做饭。	**学习提示** 注意在此句中,丈夫和妻子的去向要用不同的空间方向来表达。
9. 你的头发太长了,去理个发吧。 你/头发/长,(皱眉)你/去/理发。	**学习提示** 1. 皱眉的表情表示反对、反感等情绪。 2. "长"在此句中的打法是直接示意头发长的样子。 3. 此句中的"你"是男性。如果是对女性说这句话,则需要根据对方头发的长度在身体上比出相应的长度。

(续表)

10. 等一会儿,妈妈工作完就来陪你玩。 你/等,妈妈/工作/完了/陪(自身→对方)/玩。	学习提示	1. 打手势时目光朝下看,表示在对小孩子说话。 2. "陪"是方向性动词,因此在这里不必再打出主语和宾语。
11. 我明天家里有事,需要请假。 我/明天/家/事/有,请假。	学习提示	此处省略"需要"一词,结合具体语境理解,不会产生歧义。
12. 我的两个高中同学在谈恋爱。 我/高-中/同-学/2/现在/谈恋爱。	学习提示	手语中一般不使用汉语量词,一般以名词+数词的形式来表达,如"苹果/2""人/5"等。
13. 我不喜欢上网,我喜欢看电视。 上-网/我/不喜欢,看-电视/我/喜欢。	学习提示	1. "上网"和"看电视"是主题,"喜欢"和"不喜欢"是陈述,因此需要将宾语前置。 2. "上网"和"看电视"是两种不同的选择,用不同的空间点来表达。 3. "不喜欢"有一个专门的手势来表达,不需要打"不/喜欢"。
14. 后天上午你陪我去办事,可以吗? 后天/上午/陪(对方→自身)/办-事,可以?	学习提示	"后天"的打法和"明天"同理,只是将食指换成食指和中指,即"2"的手形,如果换成"3"的手形就是"大后天"。
15. 你喝茶还是喝咖啡? 你/茶/喝/咖啡/喝,二选一/什么?	学习提示	1. "茶"和"咖啡"是两种不同的选择,用不同的空间点来表达。 2. 伸出两根指头,表示"二选一",同理还可以表达"三选一""四选一"等。
16. 现在领导不在,签不了字,麻烦你下午再来一趟。 现在/领导/不/在,签字/不行,麻烦/你/下午/再/来。	学习提示	"签字"作为主题,放在陈述"不行"的前面。
17. 明天我有个重要会议,所以今晚打算9点钟就洗澡睡觉。 明天/我/重要/会议/有,我/想/今天/晚上/9点/洗澡/睡觉。	学习提示	"重要会议"作为主题,放在陈述"有"的前面。
18. 你现在有空吗? 我想问你一个问题。 你/现在/时间/有? 我/想/问(自身→对方)/1/问题。	学习提示	1. 本句中的"空"要打成"时间"。 2. "问"是方向性动词。
19. 抱歉,我现在工作忙,不能陪你。 对不起,我/现在/工作/忙,陪(自身→对方)/不行。	学习提示	"不行、不能"的手势是伸出小指朝下甩。这个手势也可以表达"差、坏"的含义,要结合面部表情和具体语境判断。
20. 他们三个人关系很好,每天都一起上学。 他们/3/关系/亲密,每天/一起/去/读书。	学习提示	"上学"在手语中打成"去/读书",更加贴合本意。

第四节 会话学习

扫描二维码
观看微课视频

【会话1 常回家看看】

A：昨天你怎么没来学校打篮球啊？ 　　昨天/你/来/学校/打篮球/没有？	此处用疑惑的表情表示不解和希望对方解答的语气。
B：哎，我想去的，吃完早餐后，妈妈突然要我陪她去买菜。 　　(以拳头击打手心)我/想/去，早上/吃饭/完了，妈妈/突然/喊/我/陪(自身→对方)/买-菜。	以拳头击打手心，表示遗憾。动词"陪"有方向性。
A：平时她都是一个人去，昨天怎么叫你陪呀？ 　　平-时/一个人行动/买/自己/1，昨天/喊/你/陪/为什么？	打出数字"1"，然后在水平面上转动，在这里表示一个人到处走、一个人行动。
B：因为中午爷爷奶奶要来我家吃饭，他们从乡下过来，路途远，很辛苦，我妈想做点好菜招待他们。 　　中午/爷爷/奶奶/来/家/吃饭，农村/远/来/累，妈妈/炒菜/摆满桌子/招待++。	注意此句中两个"来"的起点和终点。 "摆满桌子"用在桌上放满盘子的动作来表示。 "招待"重复打三次，表示殷勤地招待。
A：原来是这样，那你们昨天肯定忙了一天吧。 　　(点头)指(对方)/昨天/你们/一定/忙/一整天。	手语以太阳从升起到落下的过程来表示一整天。
B：是啊，我和妈妈买完菜回家，妈妈去做饭，我和爸爸把房间打扫干净，中午全家围在一起吃饭。 　　是，我/和/妈妈/买-菜/好了/回家，妈妈/做饭，爸爸/和/我/房间/打扫+++/干净，中午/全-家/围坐/吃饭。	A手形在胸前平转一圈，可以表示"妥当、办好、搞定、全部到位"之意。 "房间/打扫"是手语中的宾语前置现象。因为首先有房间，然后才能打扫。
A：真幸福！我的爷爷奶奶去世了，想和他们吃饭也没机会了。 　　幸福/好！我/爷爷/奶奶/不/在，我/想/一起/吃饭/机-会/没有。	注意打此句话时，动作幅度小，表情显得低落和悲伤。以"不在"来作为"去世"的委婉语。
B：你不是还有外公外婆吗？好好孝敬他们吧。 　　你/外-公/外-婆/有，你/好-好/尊敬/服从/指(第三方)。	"孝敬"在这里打成"尊敬/服从"，以诠释其含义。
A：嗯，我明天就去看他们。 　　(点头)我/明天/去/看/他们。	

【会话2　我的爱好】

A：你的爱好是什么？ 　你/爱-好/什么？ B：我的爱好挺多的，比如看书、上网、拉小提琴、旅游等。 　我/爱-好/多，比-如/看-书/上-网/拉小提琴/旅游/各种各样。	"拉小提琴"的用法为动宾一体。其他很多词语，比如"吃饭""喝水""打篮球"等也是这样，用一个动作即可表达。
A：哈，我和你差不多。但我不喜欢拉小提琴，我喜欢跳舞。 　（笑）我/你/差不多，但是/拉小提琴/不喜欢，我/喜欢/跳舞。	"不喜欢"在这里没有打成"不/喜欢"，而是用一个专门的手势来表达，即有特殊的否定形式。
B：哦，难怪你这么瘦！你每天都坚持舞蹈训练吗？ 　（打量对方）你/瘦，你/每天/坚持/跳舞/训练/是？	"难怪"在这里用打量对方和恍然大悟的表情来表达。
A：是的，每天早上起床，我都是练完舞再去刷牙、洗脸、吃饭。 　是，我/每天/早上/起床/跳舞/训练/完了，刷牙/洗脸/吃饭。	刷牙、洗脸、吃饭三个手势均为动宾一体。
B：我还喜欢逛街，买点东西、喝喝咖啡什么的。对了，你喜欢喝咖啡吗？ 　我/还/喜欢/逛街/买-东西/喝-咖啡/多。（挥手示意）你/咖啡/喝/喜欢？	此处提到了两次"喝咖啡"，第二次出现的时候用"咖啡/喝"的顺序来表达，是因为在这里咖啡是主题，需要前置，符合手语"主题-说明"的表达习惯。
A：喜欢啊。什么时候我们俩一起去逛街吧！ 　喜欢。我们俩/什么/时候/去/逛街/好？	
B：好啊，就下周六怎么样？ 　（点头）OK，下/星期六/好不好？	这里以"好"加上疑问表情来表达"好吗"的意思，也可以打"好不好"的手势，即交替伸出拇指与小指。
A：行，到时候微信联系！ 　OK，我们俩/微信/联系。	
B：好的，再联系！ 　OK，再/联系！	

第五节　聋人文化专题——聋人的交流方式

聋人的听力状况和语言状况非常多元化。每个聋人的失聪时间和听力曲线都不一样，而佩戴辅听设备之后的矫正听力、口语能力和手语水平也都千差万别。有的聋人戴上助听器之后能听能说，但发音有些含糊；有的聋人不喜欢开口发音，选择以手语表达自我；有的聋人书面语很好，但不会读唇也不会手语……这些复杂的情形决定了听人和聋人交流时，所遇到的交流障碍各有不同，所以应当灵活采取多种策略来帮助沟通。

首先，当你遇到聋人的时候，千万不要先入为主地认为他只能用手语交流。"十聋九哑"已经成为过去，现在越来越多的聋人接受过口语康复训练，能够说话，也有一定的读唇能力。当然，即使是戴上了助听器或植入了人工耳蜗，他们接收到的信息也还是不如听人那样完整，很多时候需要配合视觉线索，而且即使得到了视觉线索，也不一定能完全理解。所以，口语交谈时，听人可以适当放慢语速，咬字清晰，适当重复，必要时配合简单的手势，这些都有利于聋人听清你的全部话语。但也没有必要刻意地大声嚷嚷，这样反而会引起佩戴助听器者的身心不适。

如果你遇到的是以手语为主要沟通方式的聋人，也不要太紧张。要知道，聋人可是"变色龙"，他们会聪明地根据交际场合和交际对象来转换自己的手语。如果看到你的手语不太利索，那他们就会放慢速度，简化手势，同时配合发声来和你进行沟通；如果你从来没学过手语，他们也能用大家都能看得懂的形象比画来同你交流，比如吃饭、喝水、休息、好、坏、要、不要，这些都是通俗易懂、不需要专门学习就能掌握的手势。如果你连这个也没法看懂，也不要紧，可以请手语翻译帮忙，或者通过笔谈进行沟通。

聋人与人交流时，不管交际对象是聋人还是听人，他都习惯双眼紧紧盯着对方，一刻也不离开。在听人看来，可能会觉得有些奇怪，甚至觉得有些失礼，但在聋人看来，这是很自然的一件事情：如果不看着你，我怎么知道你在比画什么呢？我怎么能看得懂你的口型呢？所以听人在与聋人交流的时候，要适应这种目光的"亲密接触"，也要注意说话时别有意无意地让自己的手、口罩、围巾等遮挡住面部。

如果在公共场合遇到陌生的聋人在用手语交谈，不要因为好奇而紧盯着他们，也不要对他们的夸张表情感到奇怪。因为聋人眉飞色舞地用手语交谈，就像听人语气多变地说话聊天一样，是再自然平常不过的了。如果狭窄的通道上正好有两个聋人在"手谈"，挡住了你的去路，你大可不必专门停下来等待他们交谈结束，或者拍拍他们的肩膀，道个歉再走过去。最好的办法是不要看他们，眼睛注视前方，快速地直接从他们之间穿过。这种做法看似有点奇怪或不近人情，但却是最不分散他们注意力的方式，也是对聋人和手语的尊重。

第四章
自 然 界

第一节　手语语言学专题——手语的象似性

大千世界的万事万物多具备视觉属性,却不一定具备听觉属性,聋人的视觉非常敏锐,凡是有形可见的东西,他们都可以用双手形象地模拟和表现,这决定了手语是一种非常形象的语言。反之,有声语言中虽然存在拟声词,但总体来说是很难通过声音来模仿事物的。因此,有声语言的形象性远远不如手语高。

许多手势能直接反映其所指对象的某些特征,这种现象在语言学上叫作"象似性",即能指和所指之间有一定的联系。中国手语中的象似手段主要有以下几种。

(1) 用手指直接指点或指示。如,张开嘴指一下牙齿,表示"牙齿";揪一下自己所穿的衣服,表示"衣服"。

牙齿

衣服

(2)用手模仿轮廓或形状。如:用拇指和食指捏出月牙形,表示"月亮";一手五指并拢向前伸直划一条直线,表示"直"。

月亮　　　　　　　　直

(3)用手模拟动作。如:食指和中指指尖朝下,交替往前运动,表示"走路";一手五指先撮合,然后向上放开五指,是用花开的动作表示"花"。

走路　　　　　　　　花

(4)用自身的身体动作表达。如"吃""睡觉""笑""皱眉"等日常动作,都可以直接演示。

吃　　　　　睡觉　　　　　笑　　　　　皱眉

(5) 直接使用身势语。如摇头或摆手表示"不",拳头击打掌心表示"遗憾"等。

不　　　　　　　　　　　遗憾

(6) 通过创建相关情形来表达。如"晚上"是用五指逐渐由张开到捏合的动作表示灯光由明转暗,从而转指夜晚。

晚上

(7) 从其他语言中借词。如中国手语用双手食指搭成"人"字字形来表达"人"这个概念,这是借用汉字,模仿"人"字的字形。

人

当然,并非所有的手语词都具有象似性。但总体来说,手语的象似性比有声语言强得多。

同时,手语作为一种真正的语言符号,也具备约定俗成的特点,即任意性。也就是说,能指和所指之间的联系是任意的,没有必然的道理。某个手语词之所以从这个角度模拟而不从那个角度模拟所指代的对象,完全是任意的、约定性的。尽管手语很形象,但不会手语的人在一般情况下并不能猜出这些手势的意思,必须经过解释才能明白。

如:中国手语中的"结婚"是模拟夫妻对拜的仪式,美国手语中的"结婚"是模仿牧师将新郎、新娘的双手放在一起的动作,欧洲不少国家的手语则以无名指套上婚戒的动作来表达"结婚"。这三个手势所指向的概念是一样的,都是"结婚",但所选取的理据各不相同。不会该国手语的人无法看出其理据所在,但一旦经过学习,明白了其视觉理据,就会恍然大悟,从而留下深刻印象。

手语和有声语言一样,既具有象似性,也具有任意性。正是象似性和任意性的结合,才构成了奇妙的人类语言系统。

结婚(中国手语)

结婚(美国手语)

结婚(欧洲手语)

第二节　词语学习

扫描二维码
观看微课视频

一、词语学习汇总

1.	猫	2.	狗	3.	鸡	4.	鸭	5.	鸟
6.	牛	7.	羊	8.	老鼠	9.	虫子	10.	鱼
11.	青蛙	12.	猴子	13.	老虎	14.	狼	15.	熊

(续表)

16.	树	17.	森林	18.	叶子	19.	草	20.	花
21.	太阳	22.	月亮	23.	星星	24.	风	25.	云
26.	雷电	27.	雨	28.	雪	29.	雾	30.	彩虹
31.	天气	32.	地球	33.	地震	34.	山	35.	水
36.	江	37.	河	38.	湖	39.	海	40.	四季
41.	年	42.	东	43.	南	44.	西	45.	北
46.	红	47.	黄	48.	蓝	49.	黑	50.	白

二、具体打法

1. 猫

猫

打法详解

双手拇指、食指捏成小圆圈，其余三指横伸，指腹相对，掌心朝向自己，然后在嘴两侧同时向两边横划一下，模仿猫的胡须。

补充说明

该手势通过模拟猫的胡须来表示猫。

2. 狗

狗(打法1)

打法 详解

左手五指撮合，指尖朝前；右手食指、中指伸直分开，指尖向上，掌心朝前，放置于左手背上方。

补充说明

该手势通过模拟狗头部的外形来表示狗。

狗(打法2)

打法 详解

双手(或单手)五指弯曲，指尖朝下，左右晃动两下。

补充说明

该手势通过模拟狗站立时的动作特征来表示狗。

3. 鸡

鸡

打法详解

一手拇指、食指指尖相捏,其余三指握拳,掌心朝前,手背贴于嘴部,拇指与食指的指尖开合几下。

补充说明

该手势通过模拟鸡的尖嘴来表示鸡。

4. 鸭

鸭

打法详解

一手拇指、食指、中指的指尖相捏,其余二指握拳,掌心朝前,手背贴于嘴部,指尖开合几下。

补充说明

该手势通过模拟鸭的扁嘴来表示鸭。

5. 鸟

a　　　　　b

鸟

打法详解

a. 一手拇指、食指指尖相捏,其余三指握拳,掌心朝前,手背贴于嘴部,拇指与食指的指尖开合几下。

b. 双手手掌伸出,掌心朝下,在身体两侧扇动几下。

补充说明

该手势通过模拟鸟的尖嘴和翅膀来表示鸟。

6. 牛

牛

打法详解

一手伸出拇指、小指,其余三指握拳,拇指尖抵于太阳穴处,小指尖朝上。

补充说明

该手势通过模拟牛角的尖形来表示牛。

7. 羊

羊

打法详解

一手食指弯曲成钩状,其余四指握拳,放置于太阳穴处。

补充说明

该手势通过模拟羊角的弯形来表示羊。

8. 老鼠

老鼠

打法详解

左手手掌平摊,指尖朝前,掌心向上;右手五指撮合,放置于左手掌心并向前自由滑动。

补充说明

该手势通过模拟老鼠在地上快速爬行的样子来表示老鼠。

9. 虫子

虫子

打法详解

一手伸出食指,其余四指握拳,然后食指边反复向下弯曲边向前移动。

补充说明

该手势通过模拟虫子蠕动的样子来表示虫子。

10. 鱼

鱼

打法详解

一手侧立,向前做曲线形移动,如鱼游动状。

补充说明

该手势通过模拟鱼在水中摆尾游动的样子来表示鱼。

11. 青蛙

青蛙

打法详解

左手手掌平摊,掌心向上;右手五指撮合,放置于左手掌心上,并向前一下一下地跳动。

补充说明

该手势通过模拟青蛙弹跳的样子来表示青蛙。

12. 猴子

猴子

打法详解

一手手腕反转,掌心向下,五指并拢微曲,小指贴于前额。

补充说明

该手势通过孙悟空手搭凉棚抬眼远望的典型戏剧形象来表示猴子。

13. 老虎

a   b

老虎

打法详解

a. 左手中指、无名指、小指和右手食指搭成"王"字,放置于前额正中。

b. 双手五指张开微曲如兽爪,一前一后,向下一顿。

补充说明

该手势通过老虎额头的"王"字花纹和挥爪的动作来表示老虎。许多表示猛兽的词语如狮子、豹子等,也会用到该手势中的第二个动作。

14. 狼

狼

打法详解

一手五指微曲,罩在口鼻部,然后向外移动的同时五指撮合成尖形。

补充说明

该手势通过模拟狼的尖嘴来表示狼。

15. 熊

a   b
熊

打法详解

a. 一手五指弯曲,指尖向内,放在鼻子处。
b. 双手手掌平摊,掌心向下,一前一后,交替向前,仿熊行走的步态。

补充说明

该手势通过模拟熊鼻子的外形和熊的步态来表示熊。

16. 树

树

打法详解

双手拇指、食指搭成圆形,其余三指握拳,然后同时向上移动。

补充说明

该手势通过模拟树干的圆柱体形状来表示树。

17. 森林

a   b
森林

打法详解

双手拇指、食指搭成圆形,其余三指握拳,然后在不同的位置连续向上移动几次。

补充说明

"森林"就是很多很多树。因此手语通过反复在不同方位打出"树"来表示森林。

18. 叶子

叶子(打法 1)

打法 详解

左手手掌伸出,指尖向上,掌心朝向自己;右手握住左手,虎口部位紧贴左手手掌外缘向上滑动。

补充说明

叶子的外形与手掌有共同点,因此该手势借用手掌来表示树叶。

叶子(打法 2)

打法 详解

双手拇指、食指张开,指腹相对,其余三指握拳,虎口朝上,拇指与食指向两侧移动并相捏。

补充说明

该手势是通过模拟叶子的形状来表示叶子。

19. 草

草

打法详解

双手食指直立上指,其余四指握拳,手背朝向自己,然后上下交替动几下。

补充说明

草叶的形状细长,因此手语以Ⅰ手形来表示草。

20. 花

花

打法详解

一手五指撮合,指尖朝上,放于胸前,然后慢慢张开五指。

补充说明

该手势通过模拟鲜花开放的动作来表示花。

21. 太阳

太阳

打法详解

双手拇指、食指拼成圆形,虎口朝内,从头的右侧弧形移向头顶。

补充说明

该手势通过模拟太阳升起的特征来表示太阳。

22. 月亮

月亮

打法详解

双手拇指、食指张开,指腹相对,从中间向两侧下方一边做弧形移动一边捏合指尖。

补充说明

该手势通过模拟弯月的外形来表示月亮。

23. 星星

星星

打法详解

一手拇指、食指搭成"十"字形,其余三指握拳,在头部上方一顿一顿地移动几下。

补充说明

许多图画中常将星星画成十字形状,手语中也用"十"的手形来表示星星。也有一种打法是用拇指、食指圈成小圈在头部上方一顿一顿地移动来表示星星。

24. 风

风

打法详解

双手直立,手腕上举,指尖向上,左右来回扇动几下。

补充说明

该手势通过模拟风不断刮动的样子来表示风。

25. 云

云(打法1)

打法 详解

一手(或双手)五指成"⌒"形,虎口朝内,在头上方,平行转两圈。

补充说明

该手势通过模拟云朵的外形来表示云。

云(打法2)

打法 详解

双手平伸,掌心向下,五指张开,在头上方,交替平行转两圈。

补充说明

该手势通过模拟云海弥漫来表示云。

26. 雷电

a   b

雷电

打法详解

a. 一手伸食指,指尖朝上,在头前上方划出闪电形状。

b. 然后猛然张开五指,同时面露受惊的表情,表示被雷声惊到。

补充说明

该手势通过模拟闪电和炸雷的样子来表示雷电。

27. 雨

雨

打法详解

双手五指微曲分开,指尖朝下,向下快速移动几下。

补充说明

该手势通过模拟雨点落下的样子来表示雨。手的力度不同,表达的下雨状况也有差别。

28. 雪

雪

打法详解

双手平伸,掌心向下,五指张开,手指边抖动,边缓缓向斜下方移动,如雪花飘落状。

补充说明

该手势通过模拟雪花飘落下来的样子来表示雪。

29. 雾

雾

打法详解

双手直立,掌心朝外,指尖向上,五指张开,在眼前交替转动两下,同时眯眼。

补充说明

表情注意眯眼,表示大雾弥漫,看不清的样子。

30. 彩虹

a　　　　　b

彩虹

打法详解

a. 一手手掌直立,掌心朝向自己,除拇指外四指指尖放在下唇处并交替抖动几下。

b. 右手五指张开,掌心朝向自己,指尖向下,置于身前左侧,然后向右做弧形移动。

补充说明

该手势抓住了彩虹弯曲如桥的特征来表达。

31. 天气

天气

打法详解

a. 一手食指直立上指并平转一圈,其余四指握拳。

b. 一手在鼻子前方打字母"Q"的指式,指尖朝向鼻孔。

补充说明

该手势实际上即"天-气"。

32. 地球

地球

打法详解

a. 一手食指伸直,朝下指一下。

b. 左手握拳,右手掌心把左手拳头包住并转动一圈。

补充说明

该手势通过模拟球体的形状来表达地球的概念。

33. 地震

地震

打法详解

a. 一手食指伸直,朝下指一下。

b. 双手手掌平摊,五指张开,指尖朝前,掌心向下,同时剧烈晃动几下。

补充说明

该手势通过模拟大地摇动的样子来表达地震,非常形象。

34. 山

山(打法1)

打法 详解

一手拇指、食指、小指向上直立,其余二指握拳,掌心朝向自己。

补充说明

该手势为汉字"山"的仿字,注意掌心向内。如果掌心向外,就是国际手语中"爱"的手势。

山(打法2)

打法 详解

一手斜伸,指尖朝斜上方,先向上移动,再弧形向下移动。

补充说明

该手势抓住了山的特征来描述山。

35. 水

水(打法1)

打法 详解

一手手掌横伸,掌心向下,向一侧移动的同时抖动五指。

补充说明

该手势通过模拟水波流动的样子来表示水。一般表示面积较大的水,如江河湖海的水。

水(打法2)

打法 详解

一手伸食指,指尖贴于下嘴唇。

补充说明

该手势表示数量较少或者面积较小的水,如墨水。

36. 江

江

打法详解

左手食指、中指伸直分开,指尖向右,掌心朝向自己,其余三指握拳;右手食指、中指伸直分开,搭于左手食指、中指上,中指前后摆动,形成一个"江"字。

补充说明

该手势为汉字"江"的仿字。一般表示姓氏江。如果要表达江河的江,用河流的手势即可。

37. 河

河

打法详解

双手侧立,指尖朝前,掌心相对,呈曲线形同时向前移动。

补充说明

该手势通过模拟河流弯曲向前的样子来表达河。

38. 湖

湖

打法详解

左手拇指、食指弯曲,搭成一个大圆形,其余三指握拳;右手手掌横伸,掌心向下,放入大圆内,边抖动五指边在左手旁顺时针转动一圈。

补充说明

该手势通过模拟水在湖泊中荡漾的样子来表达湖。

39. 海

海

打法详解

双手指尖朝前,掌心向下,五指张开,上下交替移动。

补充说明

该手势通过模拟大海波涛起伏的样子来表示海。

40. 四季

四季

打法详解

左手握拳,手心朝向自己;右手伸出食指,在左手指根外侧四个凸起的骨节处自上而下各点一下。

补充说明

手语用指根外侧凸起的四个骨节来分别表示春、夏、秋、冬。根据实际表达需要,也可以只点其中一个骨节来表示对应的季节。

41. 年

年

打法详解

左手握拳,手心朝向自己;右手食指伸出,在左手指根外侧从上往下划一下。

补充说明

手语用拳头背面凸起的四个骨节来分别表示春、夏、秋、冬。食指从上到下划过这四个骨节,即表示一整年。

42. 东

东(打法1)

打法 详解

右手五指并拢,手掌横立,指尖朝右,掌心向前。

补充说明

地图上以右为东。

a　　　　b

东(打法2)

打法 详解

一手伸食指,在嘴两侧书写"八"。

补充说明

该手势为仿"东"字部分字形。

43. 南

南(打法1)

> 打法 详解

右手五指并拢,手掌直立,指尖朝下,掌心向左。

> 补充说明

地图上以下为南。

南(打法2)

> 打法 详解

双手食指、中指、无名指、小指指尖朝下,手腕向下转动一下。

> 补充说明

该手势为仿"南"字部分字形。

44. 西

西(打法1)

> 打法 详解

右手五指并拢,手掌横立,指尖向左,掌心向内。

> 补充说明

地图上以左为西。

西(打法2)

> 打法 详解

左手拇指、食指成"匚"形,其余三指握拳,虎口朝向自己;右手食指、中指直立分开,手背朝向自己,贴于右手拇指。

> 补充说明

该手势为仿"西"字部分字形。

45. 北

北(打法1)

> 打法 详解

右手五指并拢,手掌直立,指尖向上,掌心向左。

> 补充说明

地图上以上为北。

北(打法2)

> 打法 详解

两手伸拇指、食指、中指,其余二指弯曲,手背向外,手腕交叉相搭。

> 补充说明

该手势为仿"北"字形。

46. 红色

红色

> 打法详解

一手食指和中指伸直,指尖在下嘴唇处摸一下。

> 补充说明

该手势借用"红"的声母 H 来表示红。此外,嘴唇的颜色是红的,该手势反映了这一理据。

47. 黄色

黄色(打法1)

> 打法 详解

一手打手指字母"H"的指式,摸一下脸颊。

> 补充说明

该手势借用"黄"的声母 H 来表示黄。此外,脸颊的颜色是黄的,该手势反映了这一理据。

黄色(打法2)

> 打法 详解

一手手掌直立,指尖向上,五指自然分开,手腕连续摇晃几下。

> 补充说明

有人认为该手势这样打是因为中国人是黄种人,手部皮肤的颜色是黄色的。也有人认为该手势是"晃"的谐音。

48. 蓝色

蓝色1

> 打法 详解

一手打字母"L"的指式,沿着身体一侧向下划动。

> 补充说明

该手势借用"蓝"的声母L来表示蓝。蓝色是常见的服装颜色,该手势也反映了这一理据。

蓝色2

> 打法 详解

一手食指、中指伸直分开,指尖向前,其余三指握拳,掌心朝下,然后食指、中指交替上下运动几下。

> 补充说明

该手势为上海等地聋人的手势打法。

49. 黑色

黑色

> 打法详解

一手打字母"H"的指式,并在头发上轻摸一下。

> 补充说明

该手势借用"黑"的声母H来表示黑。此外,头发的颜色是黑的,该手势反映了这一理据。

50. 白色

白色

打法详解

一手五指弯曲,掌心朝外,指尖弯动两下。

补充说明

该手势借用上下牙齿来表示"白"。

第三节　句子学习

扫描二维码
观看微课视频

1. 我家养了两只狗和一只猫。 我/家/养/狗/2/猫/1。	**学习提示** 1. 手语中一般不使用汉语量词,直接用物品名加上数字来表示数量。 2. "养"的手势很像喂饭的动作,这个手势还可以表示喂养、营养等意思。
2. 那个女孩很喜欢听妈妈讲《狼和小羊》的故事。 指(第三方)/女-孩/喜欢/听/妈妈/讲/故事/书名号/狼/和/小-羊。	**学习提示** 手语中偶尔也会根据需要直接打出标点符号,如问号、书名号等。
3. 现在老虎的数量越来越少了,我们要保护老虎。 现在/老虎/数量/越来越少/我们/保护/指(第三方)/要。	**学习提示** 1. "越来越少"用一个类似压缩和挤压的动作表示,形象地诠释了该词语的含义。 2. "保护"的手势是一手伸拇指、食指和小指,绕另一手转半圈,如护卫状。
4. 我打开窗帘,阳光照耀进来,窗外是蓝天白云。 拉开窗帘/(眯眼)阳光照射/天/蓝/云/白。	**学习提示** 1. 注意在此句中,左手做拉开窗帘的动作,右手打阳光照射的手势,这是同时使用双手的典型例证。 2. 注意这里用眯眼的动作表示强光照射。 3. 手语将主题放在前面,说明放在后面,所以这里将"天"和"云"放在前,"蓝"和"白"放在后。
5. 今天晚上的星星很多,明天一定是个好天气。 今天/晚上/星星/多,(思索并点头)明天/一定/天-气/好。	**学习提示** 注意两个分句之间有一个较长的停顿,配合抬头思索的表情,表示推测的语气。

(续表)

6. 我是第一次到森林里来,这里的空气好清新啊! 指(这里)/森林/我/来/第一次,吸气---/干净!	**学习提示** 1. 该句中的"第一次"为地道的聋人手语表达习惯,具体打法为伸出手掌,掌心朝向自己,然后向左运动并快速地收拢五指打出"1"。 2. "空气清新"是一个较为抽象的概念,在此处外化为呼吸的动作加上"干净"的手势。	
7. 今天有雾霾,而且又下雨,出门记得戴口罩,拿雨伞。 今天/雾霾/又/下雨/你/门/出/口罩/伞/带/记得。	**学习提示** 1. 打"雾霾"时,要眯眼,表示看不清。 2. 注意"出门"的打法是先打门,再打"一个人走出门"。 3. 将"记得"放在句子的末尾,表示强调。	
8. 昨天半夜刮大风,雷电交加,你睡得好吗? 昨天/半-夜/刮大风,闪电/打雷/你/睡/好不好?	**学习提示** 1. 此处用手势动作幅度的加大和力度的加强来表示是"大"风。 2. 注意打"大风"时,有鼓腮的动作,打"雷电"时,有"砰"的口型,这些都属于口动要素。	
9. 这里的花五颜六色,有红色、白色、黄色、紫色等。 指(这里)/花+++/颜色/各种各样,第一/红/第二/白/第三/黄/第四/紫/多。	**学习提示** 1. 反复在不同方位打三次"花",表示花非常多。 2. 句子末尾的"多"表示不能一一列举,其作用类似于书面语中的省略号。	
10. 雨停了,咱俩到山脚下去散步吧,说不定可以看到彩虹。 雨/停/我们俩/去山下散步,也许/看(自身→天上)/彩虹。	**学习提示** 1. 注意"到山脚下散步"的表达法,一手打"山"的手势保持不动,另一手打"散步"的手势并朝着山移动。 2. 动词"看"有方向性。	
11. 长江和黄河都是我们中国的母亲河。 长-江/黄-河/两者都/我们/中国/母亲-河/(点头)是。	**学习提示** 1. 长江、黄河等广为人知的专有名词,手语一般采用仿译汉语的方式来表达。 2. 以一手拇指与食指将另一手的两根手指捏拢,这个手势表示"两者都"。同理类推,还有"三者都""四者都"等手势。	
12. 杭州西湖一年四季都很美,特别是春天,游人如织。 杭州/西-湖/春/夏/秋/冬/都/美,特别/是/春,逛/人/来来往往/多。	**学习提示** 1. "杭州"和"西湖"的手势为杭州本地聋人约定俗成的打法。 2. "特别"的手势为左手手掌平摊,掌心向下,右手食指从左手外侧向上伸出,意为和其他人或事物不一样,超出同侪。这个手势也可以表示"特殊"。 3. "人来人往"的打法是双手手掌直立,掌心相对,五指伸直分开,交替前后移动,非常形象地表达了人流如织的状态。	

(续表)

13.	去年来的时候,这条小河里有很多鱼,现在却看不到了。 去-年/来/看(自身→前下方)/河/鱼/多,现在/来/看(自身→前下方)/鱼/没有。	**学习提示** 1. 注意动词"看"有方向性。 2. 打"鱼没有了"时,皱眉的表情是为了强化语气。
14.	2008年5月12日,四川发生了八级大地震。 2008/5月12日,四-川/地震/发生/八-级。	**学习提示** 1. 手语表达某月某日的方式是一手在上打出月份,一手在下打出日期,左右手同时呈现。用这样一个手势即可表达。 2. "四川"的手势为当地习惯的打法。"川"为仿字。 3. 地震暴发是这句话的主要信息,放在前面,然后说"八级",补充细节。
15.	他计划乘船环球旅行。 他/计划/坐船/环球旅行。	**学习提示** 注意"坐船"的打法是直接打"船"的手势并向前移动。"旅行"这个手势中的拳头表示球体,也就是地球,人在地球上移动,表示较长距离的旅行、环球旅行。
16.	我们用了三个小时才爬到山顶。 我们/爬—三个小时/登上山顶/成功。	**学习提示** 1. 此句中"爬"的手势表示爬山,重复打了多次,表示爬的时间很久。 2. "登上山顶"的手势中,Y手形是人的类标记,放在"山"的顶端,表示人站在山顶。
17.	他是辽宁人,到广西来读大学,吃和住都很不习惯。 他/籍贯/辽宁,现在/来/广西/读/大学,吃饭/睡觉/不适应。	**学习提示** 1. 此句中的"辽宁"打法为仿"辽"字。 2. "不适应"的手势是地道的聋人手语表达法,也可以表达"不合适""格格不入"等意思。
18.	重庆是著名的山城,我们学校后面就是一片连绵的山脉。 重庆/山-城/著名/是,我/学-校/后面/山脉。	**学习提示** 1. 先打"学校"的手势,然后五指弯曲,向下一罩,非常直观地表达了"学校后面"的含义。 2. 注意"山脉"的打法不同于单个的"山",山脉的特征是连绵成一条线。
19.	由于明天要下大雪,气温降到0度,所以学校停课。 明天/下雪/冷/降温/0,学-校/课/停。	**学习提示** 1. 本句中的"降温"手势是直接模拟温度计上指针下降的动作。 2. "所以"在这里没有必要打出,两个分句的意思本身已经清楚地表达了其逻辑关系。
20.	昨天刚下过雨,今天瀑布看起来特别壮观。 昨天/下雨/有,今天/瀑布---/看/感慨(表情震惊)/好。	**学习提示** 1. 此句中的"瀑布"手势非常夸张,水往下流的动作重复多次,模拟刚下过雨,水流声势浩大的样子。 2. "壮观"在此句中用感慨的手势加上"好"的动作来表达。

第四节　会话学习

扫描二维码
观看微课视频

————————【会话1　动物园】————————

A：昨天天气很好，我们去了动物园。 　　昨天/天-气/好,我们/去/动-物-园/有。	1. 程度副词"很"在此句中以夸张的表情来诠释。 2. 动物园的"园"借用谐音"圆"来表达。
B：我也想去呢。那里好玩吗？ 　　我/一样/想/去,你/玩/好？	这里的"好不好玩"用"玩得好不好"来表达。
A：还可以，我们玩了一整天，到天黑了才回家。 　　可以,我们/玩/一整天,天黑/回家。	
B：都有些什么动物啊？ 　　动-物/有/什么？	汉语的语序是"有什么动物"，而手语的语序是"动-物/有/什么"，将主题前置。
A：有很多，老虎、狮子、猴子、孔雀等。我想你特别喜欢的应该是熊猫吧？ 　　有/各种各样/多,老虎/狮子/猴子/孔雀/各种各样。我/想/你/很/喜欢/熊猫/是？	此句中，句尾的"各种各样"表示数目很多，无法穷举，相当于书面语中的省略号。
B：哈哈,是的,你太了解我了。 　　（大笑）是,你/了解/我/好。	聋人与听人一样，在交谈中都会使用大笑、摇头、拍手、跺脚等体态语来帮助语气的表达。
A：除了有动物，那里风景也很美，有很多树和草，还有个很大的湖，我们在湖上划船，清风拂面，可舒服了。 　　动-物/除外,指（那里）/风-景/美,树＋＋/草＋＋,再/湖/大,我们/船/划船,吹风（前方→自身）/舒服。	"除外"的手势是一个将某话题"按下不表"的动作，然后再转换方位，说另外一件事情。 在不同方位反复打出"树"和"草"，表示树木成林，草坪绵延。
B：真的吗？那我明天就叫上几个朋友一起去。 　　真？等/我/明天/喊/我/朋友/一起去。	该句中"一起去"的手势指许多人一起去。
A：等等，今天早上电视里的天气预报说明天要下雨呢！你们过几天再去吧。 　　你/等,今天/早上/看/电视/天气预报/明天/下雨/有,你/等/几天/再/去。	"明天要下雨"在此句中打成"明天/下雨/有"。
B：那好吧，我们选个天晴的日子再去。 　　（无奈）好,等/我/选/天/晴朗/我/去。	"晴朗"的具体打法为伸出手掌，掌心朝外，在头顶横移一下，然后伸出拇指，其余四指握拳。

【会话2 去外地工作】

A：你的工作定了吗？ 你/工作/办妥？ B：已经定了，在海南。 定/好，在/海南。	A手形在胸前平转一圈，可以表示"妥当、办好、搞定、全部到位"之意。 此处的"海南"手势为当地聋人习惯使用的手势打法。
A：啊，你为什么去那边呀？ (惊讶)海南/你/为什么/去/指(那里)？	
B：那里有一家大公司在招人，我和他们谈拢了，加上海口是我妈妈的老家，有很多亲戚在那里，所以就决定去了。 海南/有/大/公司/招聘，我们俩/谈/合适，再/海-口/我/妈妈/老-家/是，亲戚/多，我/定/好/去/工作。	这里"合适"的手势还可以表示情况吻合、话语投机。
A：哦！我不了解海南。那里天气怎么样？ 哦，海南/我/不/了解，指(那里)/天-气/怎样？	手语的语序是主题在前，说明在后，因此在这里先说"海南"，再说"我不了解"。
B：气候还可以，冬天不冷，常常下雨，不会干燥。 天-气/可以，冬天/冷/不，下雨/常常，干/没有。	"冬天不冷""常常下雨""不会干燥"三个词组的表达顺序都遵循主题在前、说明在后的规则。
A：那里是平原吗？ 指(那里)/平原/是？	"平原"是地理术语，在这里用模拟平原地貌的方法代替，更容易理解。
B：不，有很多山。 不，山连山/多。	注意这里"山连山"的手势是在"山"的手势基础上变化而来。
A：哦，那边饮食习惯怎么样？ 哦，海南/吃/习惯/什么？	
B：他们喜欢吃海鲜、吃水果。还有很多各种各样的小吃。欢迎你来海南玩，我请你吃饭！ 他们/喜欢/吃/第一/海鲜/第二/水果。还/有/小吃/各种各样/多。欢迎/来/海南/玩，我/请客(对方→自身)/吃饭。	注意此句中动词"请客"有方向性。
A：嘿嘿，好的！谢谢！ (拍巴掌)好/谢谢。	拍巴掌的动作在这里属于身势语范畴。

第五节 聋人文化专题——聋人的生活方式

聋人文化是存在于社会主流文化背景之下的一种亚文化，因此，聋人的生活方式与身边的听人相比，既有共性，也有差异。

首先，我们必须承认聋人是一个人，具有"人"的全部特征。其次，聋人个体又归属于他所在的国家和地区。不同国家和地区的聋人，其风俗习惯必然会有所差异。比如"谢谢"的手势，在中国手语中是模拟鞠躬致谢的动作，而在美国手语中却是由飞吻的动作演变而来，这是由中美不同文化风俗决定的。从这个意义上说，聋听之间存在许多共同点，但他们之间同样也有差异。如果你有机会到聋人家中做客，或作为朋友、同事长期共同相处、深入接触，就能发现许多他们独有的生活方式和行为习惯。

比如，聋人见面打招呼的时候，不像听人那样注重对他人的"称呼"。听人见面时一般会说"张师傅您好""王老师好"等，称呼颇有讲究，如果用错称呼，可能会引起对方不悦。而聋人用手语一般会省略称呼，在保持眼神接触的情况下，直接用手语打出"你好"。有趣的是，如果聋人对对方非常尊重，则会通过眼神、笑容、毕恭毕敬的表情和低头欠身的体态来传达这种敬意，这就等同于有声语言中的"您好"。两个关系熟络的聋人见面，甚至连"你好""您好"都不需要，亲密地拍拍肩、拥抱一下，甚至一个眼神、一个笑容就可以传达问候。

又如，聋人外出就餐时，对餐厅陈设和座位选择也有所讲究。为了手语沟通便利，他们一般会选择光线明亮的餐厅，这样看得比较清楚。在座位的选择上，如果是两个人，一般会面对面而坐，而不是肩并肩；如果人多，就采取大桌围坐的方式。落座后，聋人会很自然地拿走桌面上的立牌、花瓶等阻碍视线的物品。

买房子时，如果家庭成员全是聋人，则一般不会注重楼盘周边的噪声问题。即使旁边是车来车往的大马路，聋人的日常起居也很少受到干扰。但他们对房屋的朝向、采光非常关注，在装修时也会注意把灯光布置得明亮些，一切以满足视觉交流需求为原则。

视觉优先的原则还体现在聋人生活的许多方面。比如读报纸时，聋人会偏爱照片和图片较多的内容；听讲座时，不喜欢文字过于密集的PPT；见过一两次的人，在时隔很久之后依然能一下子认出来；迷路时，善于根据路标、公交站牌和附近标志物迅速找到自身所在方位……

聋人还有一个重要的特点是特别喜欢和同类人来往。其实，物以类聚，人以群分，这并不是聋人天生就喜欢固守封闭的小圈子，而是语言沟通障碍造成的。因为与听人交流受限，所以他们本能地会对打手语的同类人产生亲近感，考学、择业、求偶等行为都会受到这个因素的影响。听人如果能以平等和耐心的态度和聋人沟通，精通手语，了解聋人的特点，一样能够走入聋人朋友的心灵。

第五章
事物属性

第一节　手语语言学专题——非手控特征

在汉语口语中,音调和语调可以区别意义。在汉语书面语中,标点符号和虚词可以传达丰富多样的语气。而在手语中,手势之外的表情、体态、口动等非手控特征(non-manual features)则是不可或缺的语法手段。尽管手语中没有音调、语调和标点符号的存在,但信息的传递却是多通道的,不仅可以通过手,而且可以通过脸、头、肩、躯干,甚至腿、脚来传递。也就是说,整个身体的参与都是不可缺少的。

先说表情。在有声语言中,面部表情只起辅助作用,帮助语气的表达,听力健全人完全可以在不见面的情况下通过电话交流,或隔着帘子清楚地听懂别人的意思。但在手语中,面部表情的作用至关重要,不可或缺。如果只看对方的手而不观察对方的表情,就很难理解他究竟说了什么。有些听人认为聋人打手语时表情过于丰富,不太雅观,殊不知这其实是手语清晰、准确地传递信息的客观要求。

在手语中,面部表情可以表达程度的轻重,起到类似程度副词的作用。比如"漂亮",夸张程度不同的表情可以分别表示"比较漂亮""很漂亮"和"简直是太漂亮了"。

表情还可以传达疑问、感叹等语气。举例来说,如需要对方对自己的疑问作出肯定或否定的回应时,聋人会将双眉上扬,眼睛睁大,头部微微前倾或歪斜,同时将句子末尾的最后一个手势稍稍延长和保持,这是一个非常典型的疑问表情。如果没有这个表情,就难以构成是非问句。试比较下面三个句子:

表情1:"比较漂亮"　　　　表情2:"很漂亮"　　　　表情3:"简直是太漂亮了"

(你今天下午有时间吗?)有。

(我们去吃海鲜吧,你有兴趣吗?)有!

(我找不到笔了)你/笔/有?

表情1:"有。"　　　　表情2:"有!"　　　　表情3:"有?"

　　再说口动。聋人打手语时,即使不说话,也会自然而然地带上口动。口动可以分为两种主要的类型:口形和口部姿态。口形是和汉语相关的无声"口型",这种口动可能是完整的,比如打"妈妈"时右手食指在嘴唇上碰一下或两下,同时无声地做出"妈妈"的口型;也可能是不完整的,比如打"等"的时候口舌只做出了"d"的动作,并没有出现整个音节的完整发音动作。口部姿态则与汉语口语无关,一般是下巴、唇、颊和舌等由于表意需要而进行运动,如打"安静"的手势时,食指放在嘴前不动,嘴唇噘起拢圆,做"嘘"的吹气动作。这个动作和"妈妈"很相似,我们在看手语时,主要靠口动和上下文来区别意义。

"妈妈"的口动　　　　"安静"的口动

打手语时利用口形来"说"汉语词,有时候只是聋人自身的个人习惯,但也有时候是有特别意义的。当某个手势存在不止一个意思时,打手语时配合口形有助于对方准确把握含义;当对方是听人或重听人,手语水平不太高的时候,聋人打手语时配合口形,可以降低看手语的难度,便于对方理解;不同地区的聋人交流时,存在手语的方言差异,看口形可以帮助进一步分辨和理解意思,减少沟通中的误会。

第二节　词语学习

扫描二维码
观看微课视频

一、词语学习汇总

1.	大	2.	小	3.	多	4.	少	5.	长
6.	短	7.	轻	8.	重	9.	远	10.	近
11.	内	12.	外	13.	软	14.	硬	15.	新
16.	旧	17.	干净	18.	脏	19.	香	20.	臭
21.	酸	22.	甜	23.	苦	24.	辣	25.	咸
26.	高	27.	矮	28.	胖	29.	瘦	30.	穷
31.	富	32.	漂亮	33.	丑	34.	聪明	35.	笨
36.	简单	37.	难	38.	真	39.	假	40.	强
41.	弱	42.	对	43.	错	44.	有	45.	没有
46.	一样	47.	不同	48.	够	49.	重要	50.	为什么

二、具体打法

1. 大

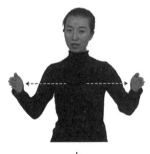

大

打法详解

双手侧立,掌心相对,同时向两侧移动。

补充说明

我们可以根据物体的具体大小和形状来对该手势进行调整。

2. 小

小

打法详解

一手拇指、小指相捏,拇指指尖抵于小指内侧。

补充说明

该手势是用小指的指尖来表示"小"。

3. 多

多

打法详解

一手(或双手)手掌横立,掌心朝向自己,向侧方移动的同时抖动手指。

补充说明

该手势用抖动的手掌形象地表现数量的丰富。此外,也可以根据实际表现多的状态。

4. 少

少

打法详解

一手拇指尖微微弹一下食指尖。

补充说明

该手势表示数量少到只有指尖大小的地步。注意"小"和"少"的手势很容易混淆。

5. 长

长

打法详解

双手食指直立,指尖向上,其余四指握拳,双手同时从中间向两侧拉开。

补充说明

该手势非常形象,听人也能理解。

6. 短

短

打法详解

双手食指直立,指尖向上,其余四指握拳,掌心相对,同时从两侧向中间移动。

补充说明

该手势非常形象,听人也能理解。

7. 轻

轻

打法详解

一手手掌平摊,掌心向上,轻轻向上一抬。

补充说明

该手势非常形象,听人也能理解。

8. 重

重

打法详解

双手手掌平摊,掌心向上,朝下重重一顿。

补充说明

该手势非常形象,听人也能理解。

9. 远

远

打法详解

一手拇指按于食指根部,食指指尖朝前,其余三指握拳,掌心向上,食指向前上方移动。

补充说明

注意打手势时动作有延伸感,视线也看向食指所指的方向。

10. 近

近

打法详解

双手拇指、食指捏成小圆圈,其余三指握拳,虎口朝上,由两侧向中间靠近。

补充说明

该手势用两个小圆圈的彼此靠近表示地理位置的接近。

11. 内

内

打法详解

左手手掌横立,指尖向右,掌心向内;右手食指指尖朝上,其余四指握拳,在左手内侧向下移动。

补充说明

该手势是以食指在手掌内侧向下运动来表示内。

12. 外

外

打法详解

左手手掌横立,指尖向右,掌心向内;右手食指指尖朝下,其余四指握拳,在左手外侧向下移动。

补充说明

该手势是以食指在手掌外侧向下运动来表示外。

13. 软

软

打法详解

左手食指伸直,其余四指握拳;右手拇指、食指捏住左手食指指尖,轻轻来回扳动几下,左手食指随之弯曲。

补充说明

该手势以具有弹性、可以扳动来表示软。

14. 硬

硬

打法详解

一手伸出食指抵于右脸颊,指尖轻转一下。

补充说明

该手势是用"嚼不动"来转指坚硬。

15. 新

新

打法详解

左手手掌横伸,指尖朝右,掌心向下;右手伸出拇指,指尖向上,其余四指握拳,放于左手手腕上方。右手从左手手腕处向右划动至左手指尖。

补充说明

"新"有好之意,因此该手势使用拇指。

16. 旧

旧

打法详解

一手伸拇指、食指,掌心向下,食指指尖朝前,向下点动几下。

补充说明

该手势有时间长之意。

17. 干净

干净

打法详解

左手手掌横伸,指尖朝右,掌心向上;右手手掌紧贴左手掌心,然后一边向外移动一边变化手形为立起的 A 手形。

补充说明

该手势实际上是用"擦-好"来表示擦了之后没有灰尘,即干净。注意表情的配合。

18. 脏

脏

打法详解

一手伸出小指,其余四指握拳,小指在胸前往下划一下。

补充说明

该手势借用衣服脏来表达"脏"的概念。注意面部表情的配合。

19. 香

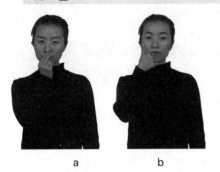

a　　b
香

打法详解

一手拇指、食指、中指捏合，往鼻孔处微送，然后伸出拇指。

补充说明

该手势是用"吸气-好"来表达嗅觉上的愉悦感受，即芳香。注意面部表情的配合。

20. 臭

臭

打法详解

一手在鼻子前扇动几下，脸露厌恶表情。

补充说明

该手势非常形象，听人也能理解。

21. 酸

酸

打法详解

一手食指置于鼻翼处，然后顺着鼻梁向上滑动。

补充说明

注意打手势时脸颊向内凹陷，嘴唇撮起，同时蹙眉，如尝到酸味状。

22. 甜

甜

打法详解

舌头将面颊顶起，同时一手食指在腮部鼓起的位置点两下。

补充说明

该手势用口中含着糖块来表示甜。"糖"也可用该手势表达。

23. 苦

苦

打法详解

一手食指、中指微曲,指尖朝内,放在鼻翼两侧,向下划动一下,面露苦状。

补充说明

注意打该手势时面部肌肉收缩,皱起眉头,如尝到苦味状。

24. 辣

辣

打法详解

右手拇指、食指伸直分开,打字母"L"指式,其余三指握拳,在嘴边向左移动几下。

补充说明

注意配合张嘴的面部表情,如尝到辣味状。

25. 咸

咸

打法详解

一手食指、中指打字母"X"的指式,在嘴角左右微动。

补充说明

注意配合尝到咸味的面部表情。"盐"也可用该手势来表达。

26. 高

高

打法详解

一手手掌伸出,五指并拢,掌心向下,向上举过头。

补充说明

该手势非常形象,听人也可以理解。

27. 矮

矮

打法详解

一手手掌伸出,五指并拢,掌心向下,往下一按。

补充说明

该手势非常形象,听人也可以理解。

28. 胖

胖

打法详解

双手拇指、食指伸直分开成直角,其余两指握拳,置于脸颊两边,然后同时向两侧拉开并鼓起腮帮。

补充说明

该手势非常形象,听人也可以理解。

29. 瘦

瘦

打法详解

一手拇指与其余四指夹住两颊,然后向下移动的同时收拢五指,双颊向内收缩。

补充说明

该手势非常形象,听人也可以理解。

30. 穷

穷

打法详解

双手横伸,掌心向上,腕部于胸前交叉相搭,然后上下颠动几下。

补充说明

有人认为该手势是从端碗乞讨的动作演变而来。

31. 富

富

打法详解

双手手掌横伸,五指分开,掌心向下,拇指尖抵于胸部两侧,其余四指轻轻抖动。

补充说明

该手势表示所拥有的东西非常丰盛,即富裕。

32. 漂亮

漂亮

打法详解

一手拇指、食指、中指伸直,食指和中指顺着鼻梁往下滑动,然后收起食指和中指、竖起拇指。

补充说明

该手势借用鼻梁高挺美丽来转指容貌的漂亮。

33. 丑

丑

打法详解

一手小指伸直,其余四指握拳,掌心朝向自己,然后小指绕鼻子转圈。

补充说明

该手势借用鼻子不好看来转指容貌的丑陋。

34. 聪明

聪明

打法详解

右手食指抵于右侧太阳穴处,拇指与中指捏合并连续弹动几下,其余两指自然伸展。

补充说明

注意面部表情的配合。

35. 笨

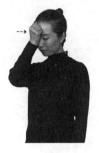

笨

打法详解

一手握拳,掌心朝向自己,敲打前额。

补充说明

注意面部表情的配合。

36. 简单

简单

打法详解

一手拇指、食指指尖捏合成小圆圈,其余三指握拳,然后朝下晃动几次。

补充说明

该手势与"少"有共通之处,表示所费的气力少,没有难度。

37. 难

难

打法详解

一手握拳,拳心朝太阳穴敲两下,面露苦恼的表情。

补充说明

注意面部表情的配合。

38. 真

真

打法详解

左手食指横伸,指尖向右,其余四指握拳;右手食指敲一下左手食指。

补充说明

注意面露肯定的表情。

39. 假

假

打法详解

右手直立,掌心向左,拇指指尖抵于下颏,其余四指微微抖动几下。

补充说明

注意面露不相信、怀疑的表情。

40. 强

强

打法详解

双手握拳屈肘,虎口向上,然后同时在胸前向下一顿。

补充说明

该手势以双臂具有力量来表示强大。

41. 弱

弱

打法详解

左手手掌横伸,指尖向右,掌心朝上;右手伸拇指、小指,其余四指握拳,小指指尖抵于左手掌心上,然后左右晃动几下。

补充说明

该手势以一个人在地上摇摇欲倒来表示体弱,从而转指力量弱。

42. 对

对

打法详解

一手食指在空中画一个勾。

补充说明

该手势以书空对勾来表示正确。

43. 错

错

打法详解

一手食指在空中画一个叉。

补充说明

该手势以书空叉号来表示错误。

44. 有

有

打法详解

一手拇指、食指伸直分开,食指朝前,其余三指握拳,掌心向上,然后食指向上弯动几下。

补充说明

该手势为聋人的习惯打法。

45. 没有

没有

打法详解

双手拇指和并拢的其余四指捏成圆圈,掌心相对,同时左右摇动几下。

补充说明

该手势通过模拟数字0来表示"没有"。注意配合否定的面部表情。

46. 一样

一样

打法详解

一手伸出食指、中指,指尖朝左,掌心向下,然后向前移动几下。

补充说明

该手势用两指前后摇动表示相同、没有差异。

47. 不同

不同

打法详解

双手伸出食指,指尖朝前,其余四指握拳,掌心向下,先碰一下,再分别向两侧移动。

补充说明

该手势通过双手食指相互分开来表示"不一样"。

48. 够

够

打法详解

右手拇指略朝前屈,其余四指并拢伸直,虎口贴于左肩,轻碰一下。

补充说明

注意配合满足的面部表情。

49. 重要

重要

打法详解

左手手掌平摊,指尖向右,掌心朝上;右手拇指指尖按于食指根部,手背向下,用力砸向左手掌心,表示程度重。

补充说明

该手势和"重"有共通之处。注意配合慎重、严肃的面部表情。

50. 为什么

为什么

打法详解

右手伸出拇指、食指,拇指指尖朝上,食指指尖朝前,其余三指握拳,先翻动为手背朝上,然后翻动为掌心朝上。该动作重复几次。

补充说明

直接用该手势即可表达"为什么"的含义,不需要拆分成"为"和"什么"两个手势。注意配合面部的疑问表情。

第三节　句子学习

扫描二维码
观看微课视频

1. 那个孩子背着一个又大又重的书包。 指(第三方)/孩子/书包/大/重。	**学习提示** 1. "书包"这个手势本身就有"背"的动作,因此不需要再另外打出"背"。 2. 注意打"大"和"重"时配合面部表情。
2. 明天的会议很重要,请你安排好时间,按时到场。 明天/会议/重要,你/时间/安-排/好,按-时/到。	**学习提示** "按时"手势的第一个动作也有"参照"的含义。
3. 我很丑,但是我很温柔。 我/丑,但是/我/温-柔。	**学习提示** "很"在此句中没有直接打出,转而用面部表情来辅助表达。
4. 那道题很难,但他居然做出来了,真聪明! 指(那)/题目/难,他/写/解决,聪明/好!	**学习提示** 1. "做题"的"做"在这里是直接模拟动作,即"写"。 2. "聪明"和"好"叠用,表示语气的强调。
5. 如果炒菜时盐放多了,可以放点糖中和一下。 如果/炒/菜/盐/多,糖/一点点/放/配合。	**学习提示** 1. 手语习惯将中心语放在前面,修饰语放在后面,因此这里先说"糖",再说"一点点"。 2. "配合"指糖和盐放在一起,味道可以彼此中和抵消。
6. 那个模特高高的、瘦瘦的,身材特别好,所有人的目光都被她吸引过去了。 指(那)/模特/高/瘦,腰身曲线/好,人/所有/看(自身→模特)/吸引。	**学习提示** 1. "身材"的手势打法为直接模拟女性窈窕纤腰的曲线。 2. "目光被吸引过去"的手势之所以使用双手十指,是因为这里是许多人的目光,并非一两个人的目光。
7. 我们的肤色不一样,但是我们的心是相同的。 我们/肤-色/不一样,但是/我们/心/共同。	**学习提示** "共同"的手势是打"共"的仿字然后转一圈。
8. 你的衣服好脏啊!快去洗个澡吧。 你/衣服/脏,你/去/洗澡。	**学习提示** 注意打"脏"时配合厌恶的面部表情。
9. 猜一猜,那个花瓶里的花是真的还是假的? 猜/指(那里)/瓶/花/真/假?	**学习提示** 以视觉去认知世界,先有花瓶,然后瓶中才可能容纳花,因此此句中的"瓶"放在"花"的前面。
10. 我们中国只有强大了,才能赢得世界的尊重。 如果/我们/中国/强-大,世界/尊重(对方→自身)/我。	**学习提示** 1. "只有……才……"在这里用"如果"的手势来表达,表示假设。 2. 注意此句中的动词"尊重"有方向性。

(续表)

11.	他们俩是双胞胎,但一个胖一个瘦,外貌差别很大。 指(第三方)/他们俩/双胞胎/是,指(其中一个)/胖/指(另一个)/瘦,模样/不一样。	**学习提示** 1. "双胞胎"的手势由"生"的手势演变而来,表示"一次生下两个孩子"。 2. 本句中用直接指示的方法清楚而形象地表明了这对双胞胎谁胖谁瘦。
12.	你现在有没有时间?我有重要的事情想跟你商量一下。 现在/你/时间/有?我/重要/事情/有,我们俩/商量/可以?	**学习提示** 1. "现在"是关注的焦点,因此放在句首表示强调。 2. "商量"的手势也可以表示"研究"。此手势是借用"研墨"的"研"之意。
13.	我把房间打扫得干干净净,等待客人的到来。 我/房间/打扫+++/干净,我/等/客-人/来。	**学习提示** 1. 此句将"房间"放在"打扫"前面,是因为先有房间,然后才会打扫它。 2. "打扫"动作在不同方向重复多次,表示仔细打扫房间的每一个角落。
14.	我已经吃得够多了,很饱了,别再给我夹菜了。 我/吃/饱/够,你/夹菜(对方→自身)/不。	**学习提示** 1. "够"的手势本身即表示程度的足够、数量的充分等,因此不需要再打出"多"。 2. 聋人的表达习惯比较直接,在这里直言自己吃饱了,希望对方不要继续夹菜了。面部表情可以代替汉语敬辞"请"的作用。
15.	别乱想了,其实事情本来很简单。 胡思乱想/不,事情/本-来/简单。	**学习提示** 1. 摇手的动作既可表示否定,也可以表示劝阻对方。 2. 此处省略副词"其实",不妨碍意义的表达。
16.	广西的螺蛳粉闻起来臭,吃起来又香又辣。 广西/螺蛳粉/闻/臭,吃/第一/美味/第二/辣。	**学习提示** 1. "螺蛳粉"为广西当地手语打法。 2. "香"在这里并非字面意义,而是美味的意思,要选用恰当的手势来表达。
17.	爷爷的牙齿掉了,只能吃软的东西,硬的吃不了。 爷爷/牙齿/掉+++,东西/软/吃/可以,硬/吃/不行。	**学习提示** 1. "掉"的手势以双手重复打几次,表示许多牙齿都掉了。 2. 手语将中心语放在前面,修饰语放在后面,因此这里先说"东西",再说"软",即"软的东西"。 3. 小指向下甩,表示"不行""不能",这是"能"和"行"的特殊否定形式。
18.	熊猫看起来笨笨的,很可爱,我很喜欢。 熊猫/看(自身→对方)/打量/笨/可-爱,我/喜欢。	**学习提示** 1. "熊猫"的手势是模拟熊猫的黑眼眶和走路时摇摇摆摆的样子。 2. 注意此句中的"打量"的手势是以目光上下打量的样子。
19.	猴子的尾巴长,兔子的尾巴短。 指(这)/猴子/尾巴/长,指(那)/兔子/尾巴/短。	**学习提示** 手语善于利用空间方位,此句中的"猴子"和"兔子"分别打在左右两侧,既表示是不同的两个事物,也形成了鲜明的对比。

20. 这条裙子太长了,能给我找件短一点的吗? 指(上方)/裙子/长,帮(对方→自身)/找/短/可以?	**学习提示** 1. 在商店购物时,看到墙上悬挂的样衣,要求店员拿一件适合自己的号码试穿,因此此句中直接以食指指示上方,指示那件样衣。 2. 注意动词"帮"有方向性。 3. 句子中"长"和"短"的方向和幅度可以根据具体情境打出。

第四节　会话学习

扫描二维码
观看微课视频

────── 【会话1　描述人物】 ──────

A: 今天晚上有大二主办的迎新晚会,你会去看吗? 　今天/晚上/欢迎/晚-会/有,大-二/主-办,你/会/去/看?	此句中没有出现疑问词,但以面部表情来表示疑问的语气。
B: 嗯,我会去的。 　(点头)会/去。	
A: 好啊,我介绍一位学姐给你认识。 　OK,我/介绍/1/学-姐/你/认识。	注意动词"介绍"具有方向性。
B: 学姐? 是谁呀? 　学-姐? 谁?	"谁"的手势为伸出食指左右轻摇。这个手势还可以表示"什么""哪里""哪个"等意思。各地手语方言中也有一些"谁"的不同打法。
A: 她的名字叫高娜,是我们手语翻译专业2021级的女生。 　她/名字/高-N,我们/手语-翻译/专-业/2021/级/女-生。	
B: 我好像听过这个学姐的名字,她是不是很瘦,扎个马尾辫,个头挺高的,在电视上好像见过她跳舞呢。 　名字/好像/听/有,指(第三方)/高/扎马尾/瘦,我/好像/看-电视/指(那)/跳舞/有。	此句为了强调"有",将它放在句末。
A: 对,是她,她是挺出名的,不仅舞跳得好,而且又漂亮又聪明。 　是,她/出名,跳舞/好,人/模样/漂亮/聪明。	汉语中的关联词语"不仅……而且……"在此处省去,并不会影响意义的表达。
B: 嗯,真希望能和她成为朋友。 　(点头)我/希望/我们俩/做/朋友。	
A: 嗯,会的,她是很随和的人。那咱们晚上见。 　(点头)会,她/随意/人/好。晚上/我们俩/见面。	"随意"的手势也可以表示"随便、自由"。
B: 没问题。晚上见! 　OK,晚上/见。	

【会话 2 挑西瓜】

A：天气这么热，我们俩去买个西瓜怎么样？ 　　天-气/热＋＋,我们俩/去/买/西瓜/好不好？	此句中反复打出"热"的手势来表达程度的夸张。
B：好呀，学校门口就有一家水果摊，很近，我们去看看吧。 　　好,学-校/门-口/附近/水-果/摆摊/近,去/我们/看（自身→水果摊）。	
A：这西瓜多少钱一斤呢？ 　　（抬手招呼对方）指（这里）/西瓜/一/斤/钱/多少？	手语中的疑问句一般习惯将"什么""多少""为什么"等疑问词放在句末。
B：看，这里写着价钱，大的两块一斤，小的一块二一斤。 　　看/指（这里）/牌子/写/有,指（这边）大/一/斤/两元,指（那）/小/一元/两角。	注意此句中很好地运用了空间方位,将大西瓜和小西瓜放在不同的两个方位,表意非常清晰。注意两块钱的打法是 2 手形从下颌处往外掏出。"两角钱"的手势是打出数字 2 并往下一甩,"一角钱""五角钱"等的打法与此类似。 打"贵"的同时皱眉,暗示自己不认可。"也许"的手势是双掌平摊,掌心向上,左右手交替上下微动,表示不确定、有可能。
A：好贵啊，看，那边还有水果摊，说不定会便宜些。 　　指（这里）/贵,指（前面远处）/还有/也许/便宜。	
B：天气这么热，何必走那么远呢？再说，我看这里的西瓜还不错，瓜皮又绿又硬，掂起来重，挺新鲜的。贵就贵点吧。 　　天/热,走/远/累。再-说/指（这里）/西瓜/不-错,瓜/皮/绿/硬,双手抱/重/新鲜,贵/一点点/算了。	聋人的表达方式比较直接,一般不使用反问句,因此本句中将"何必走那么远"打成"走远路很累"。注意"掂起来"的手势是以双手做抱西瓜状。
A：嗯，行。我也觉得这里的西瓜个个都特别大，而且圆滚滚的，吃起来肯定甜。 　　（点头）我/觉得/指（这里）/圆/西瓜/圆,特别/大/又/圆,吃/肯定/甜。	本句中,直接用双手来比拟西瓜又大又圆的样子,并重复多次,表示所有的瓜都如此,非常形象。
B：好的，那咱们挑一个吧。 　　OK,我们俩/指（这里）/选/1。	指示的方向清晰地表明了最终选择了哪里的西瓜。
A：好的！ 　　（点头）OK。	

第五节 聋人文化专题——聋人常用的辅具

辅具指的是以增加、维持或改善身心障碍者个人能力为目的的产品，即"辅助器具"。常见的轮椅和拐杖，就是为肢体残疾人设计的辅具。对聋人来说，辅具主要可以分为两种,一种是以补偿个人听力为目的的,如助听器、人工耳蜗、电话声音放大器、FM 无线调频系统;另一种是以方便聋人日常学习、工作与生活为目的的,如闪光门灯、环境声感应器、震动手表、导聋犬等。

说到助听器,可能很多人的脑海中会立即浮现出《千手观音》主演邰丽华耳朵上戴的那个耳背式助听器。有意思的是,人类最早、最实用的"助听器"可能得算自己的手掌。将手掌放在耳朵边形成半圆形喇叭状,可以很好地收集声音,这是最自然的助听方法。后来人们根据这一原理,发明了一种形似烟斗,能从外界收集声音并传到耳朵里的不插电的"助听器"。20 世纪八九十年代,在市场上占据主流的还是手掌大小的盒式助听器。但随着科技的发展,出现了形形色色的助听器,它们的体积越来越小,性能越来越优化,音质也越来越清晰。现在市场上已经有黄豆粒大小、放进耳朵里完全看不出来的隐形助听器了。

人工耳蜗则是一种通过将电极系统植入体内直接刺激听神经来重建听觉功能的手段。它的好处在于直接连接内耳听神经,戴助听器效果不佳的极重度耳聋患者可以由此受益。但作为一种需要在全身麻醉的情况下进行外科手术植入的电子装置,它的缺点也是显而易见的,如价格昂贵,手术有一定的风险,无法确保效果理想等。需要强调的是,装上人工耳蜗只是恢复听说能力的第一步,手术之后还要进行持久而艰苦的听觉和言语康复训练。有意向给孩子做人工耳蜗植入手术的家长,一定要多和医疗界、康复界和教育界的专业人士沟通,详细评估,慎重决策。

如果你到聋人家中去,有可能会看到一些从来没见过的新鲜玩意儿——按门铃就可以发出闪烁红光的闪光门灯,还有放在枕头下每天早上把主人震醒的振动闹钟,这两样是目前在国内最普及的聋人生活辅具。在国外,还有婴儿远程监控器、婴儿哭闹提示器、开水提醒装置等。目前国内也零星出现了一些相关产品,但尚未在市场上普及。

打开电视,我们会发现许多新闻节目和影视剧配有字幕,出门在外,经常看到银行窗口的排号屏、公交车上的报站电子屏等,其实这些无障碍支持也属于辅助技术范畴。有了它们,聋人获取资讯的渠道大为拓宽,出行的便利程度也大大增加。

当然,对聋人来说,最有用的"辅助器具"或"辅助技术"其实是人——有资质的、能胜任工作的手语翻译。有了手语翻译员的协助,聋人在看病、找工作、办理各种事务时,就不必用笔谈这种费时费力的方式与听人交流,可以比较直接而高效地表达自我和了解对方。目前,我国手语翻译的职业化才刚刚起步,这也将是我们努力的目标之一。

第六章

校园时光

第一节　手语语言学专题——手语对汉语的借用

　　语言是动态的，不同语言之间无时无刻不在发生相互接触和交流，使语言的彼此借用成为可能。汉语因历史悠久，使用人数多，相对中国手语来说是一种强势语言，而手语发展历史不长，词汇体系未臻完善，因此，作为强势语言的汉语势必会对作为弱势语言的手语产生渗透和影响，从而产生手语对汉语的借用。与汉语、英语、日语等有声语言彼此借用相区别的是：从汉语到手语的借用在绝大多数情况下是单向的。也就是说，一般情况下，只能是手语借用汉语，而汉语不会借用手语。然而，对于在聋人家庭中长大的听人子女（CODA）或长期在聋人环境中工作的人（如聋校教师）而言，他们的汉语口语或书面语会受到手语影响，出现偏离标准语的情况。如许多聋校老师都会感慨在聋校工作久了，说话也有点颠倒了，即受到了聋人语言的影响。

　　需要强调的是，大量借用汉语并不意味着中国手语本身丧失了独立性。语言是一个开放的系统，大规模借用其他语言在许多种语言中都是很常见的现象。比如日语、韩语、越南语中都有许多汉语成分，这反映了历史上中华传统文化对周围国家的辐射影响。但日语、韩语等语言并没有因为大量借用汉语而成为汉语的附庸，它们仍是独立的语言，并一直处在不断发展和变化中。对手语来说也是一样，聋人手语中也有许多源于汉语的成分，这些成分有的只是临时借用，并不会持续很久，但有的逐渐被广大聋人群体认可和接受，这样一来，手语就接纳、消化、吸收这些汉语成分，将它变成自身固有的一部分。

　　很多人可能会有疑问，借用了汉语的手语是否就是手势汉语呢？其实中国手语与手势汉语的区别,关键看语法层面,也就是说,判断是中国手语还是手势汉语的依据主要是词法和句法,而不是词汇系统中是否存在借用汉语的现象。中国手语在词汇层面上的确存在大量对汉语的借用,尤其在年轻聋人的手语中更常能观察到这样的现象,但这是语言接触的自然结果,我们不能因为中国手语借用了汉语成分便将它同手势汉语等量齐观。

中国手语在字、词层面上,可以通过借形和借音两个渠道来借用汉语。前面讲过的指拼就是借音的手段之一。需要特别说明的是,汉字不同于拼音文字,它是一种带有表意成分的符号文字,因此中国手语可以通过模拟方块字的字形来借用汉语,"仿字"和"书空"就是两种主要手段。日本手语中也能找到类似的例子。但这些手段在使用表音文字的西方国家的手语中是找不到的。

下面结合一些例子来加以解说。

(1) 仿字:用手搭成汉字的字形。如"王""人""江"等。

王　　　　　　　人　　　　　　　江

(2) 书空:用手指在空中或手心、手背等身体部位直接书写出汉字,如"千""万"等。

千(连笔书写)　　　　　　万(万字的最后一笔)

(3) 谐音:借用读音相同或相近的词来表达。如将"杨"打成"羊",将"华侨"打成"花桥"等。

杨

华侨

（4）借字形：取该字的一部分或借用形体相近的字来表示该字。如将"代价"打成"代介"，用打"鼓"的手势来表示"彭"等。

代价　　　　　　　　　　　　　　彭

（5）指拼：用手指字母拼打出音节或字、词，从而呈现有声语言。具体参见本书第一章第一节。

此外，中国手语还可以在词法和句法两个层面上借用汉语，即按有声语言的顺序排列语素构成合成词，或按有声语言的顺序排列词语构成句子，从而形成"仿译"和句法上的"手势汉语"现象。如果在词的内部将语素按汉语顺序来排列，就是所谓仿译词；如果拓展到句子层面，将手语词按汉语顺序排列形成句子，即所谓手势汉语。如：

和平＝和-平

办公室＝办-公-室

中国人民解放军＝中国-人民-解放-军

和平

办公室

中国人民解放军

再以"有个人走进了屋子"为例,分别展示手势汉语和中国手语两种打法:

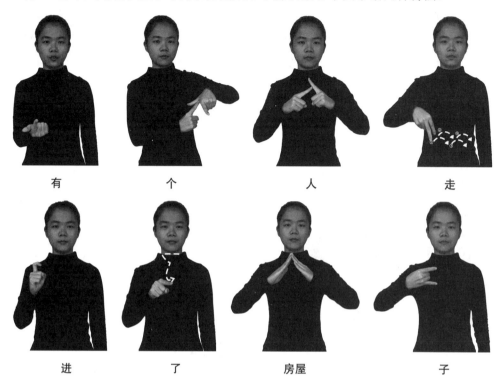

手势汉语:有/个(仿字)/人(仿字)/走/进(指拼)/了(书空)/房屋/子(指拼)

中国手语:房屋/人走进屋子(类标记)

第二节　词语学习

扫描二维码
观看微课视频

一、词语学习汇总

1.	校园	2.	教室	3.	教师	4.	学生	5.	教
6.	上课	7.	下课	8.	同学	9.	班主任	10.	校长
11.	学习	12.	作业	13.	书包	14.	抄写	15.	背诵
16.	书	17.	纸	18.	笔	19.	字	20.	词
21.	句	22.	意思	23.	理解	24.	专业	25.	设计

（续表）

26.	进步	27.	退步	28.	表扬	29.	批评	30.	培养
31.	班会	32.	办公室	33.	语文	34.	数学	35.	英语
36.	政治	37.	历史	38.	物理	39.	化学	40.	美术
41.	开学	42.	考试	43.	成绩	44.	放假	45.	毕业
46.	小学	47.	中学	48.	大学	49.	研究生	50.	博士

1. 校园

a　　　　b

打法详解

a. 双手手掌伸出，掌心朝向自己，放于胸前如读书状。

b. 双手五指并拢，手掌伸直，指尖互搭成"人"形。

c. 右手食指伸出，指尖朝下在胸前画一圈。

补充说明

"园"借用同音字"圆"来表示。

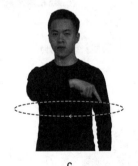

c

校园

2. 教室

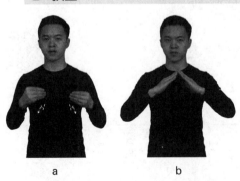

a　　　　b

教室

打法详解

a. 双手五指撮合，指尖相对，如执物状，向前微动一到两下。

b. 双手五指并拢，手掌伸直，指尖互搭成"人"形。

补充说明

"家、房子"的手势是一个成词能力很强的词根，许多合成词都由它构成，类似的例子还有医院、学校、厨房等。

3. 教师

教师

打法详解

一手伸出拇指,指尖向上,其余四指握拳,掌心朝向自己并贴于胸前。

补充说明

在五根手指中,拇指的地位最高,因此一般用来表示地位尊崇者,如教师、主任等。该手势前面也可以加上"教"的手势,即"教师"。

4. 学生

学生

打法详解

左手伸拇指,右手伸小指,指尖向上,其余四指握拳;右手小指外侧贴于左手手背指节处。

补充说明

注意该手势中,拇指的位置要略高于小指,以区分教师和学生。

5. 教

教

打法详解

双手五指撮合,指腹相对,如执物状,向前微动一下或两下。

补充说明

该手势很像用手拿东西传递给别人的动作,因为教学本身就是知识的传递过程。

6. 上课

上课

打法详解

一手打字母"K"的指式,食指指尖向上,上举至头侧,然后前后摇晃几下。

补充说明

该手势由上课摇铃的动作演化而来,而又加上了"课"的声母 K 的指拼。

7. 下课

下课

打法详解

一手在头侧打字母"K"的指式,食指指尖朝前上方,手腕向下微动两下。

补充说明

该手势是在"上课"手势的基础上演变而来的。

8. 同学

a b

同学

打法详解

a. 右手食指、中指伸直分开,其余三指握拳,掌心向下,向外划动一下。

b. 双手手掌伸出,掌心朝向自己,放于胸前如读书状。

补充说明

该手势实际上即"同-读书"。"同事"的表达方法与此类似。

9. 班主任

a b

c

班主任

打法详解

a. 左手手掌侧立,指尖朝上,掌心向右;右手拇指伸出,指尖朝上,其余四指握拳并贴于左手掌心。

b. 一手伸出拇指,指尖向上,其余四指握拳,贴于胸口。

c. 右手拇指与其余四指靠拢,如捏物状,放置于左肩上。

补充说明

该手势实际上即"班-主-任"。

10. 校长

a　　　　b

打法详解

a. 双手手掌伸出,掌心朝向自己,放于胸前如读书状。
b. 双手五指并拢,手掌伸直,指尖互搭成"∧"形。
c. 一手伸出拇指、食指、中指,拇指指尖抵于前额,食指、中指直立上指,其余二指握拳。

补充说明

该手势实际上即"学校-领导"。

c

校长

11. 学习

学习

打法详解

一手五指撮合,指尖朝内,朝前额按动两下,表示学习知识。

补充说明

该手势很像将外界的知识拿过来放进自己头脑中的动作。

12. 作业

a　　　　b

作业

打法详解

a. 双手握拳,一上一下,右拳向下砸一下左拳。
b. 左手食指、中指、无名指、小指直立,指尖向上,拇指向掌心内弯曲,掌心朝向自己;右手食指置于左手四指根部外侧。

补充说明

该手势中的"业"为仿字。

13. 书包

书包

打法详解

双手虚握拳头,从肩部两侧向下移动一下,如背双肩书包状。

补充说明

该手势为双肩背包的打法,如果要表达挎包等其他样式的书包,可根据实际情况模拟。

14. 抄写

抄写

打法详解

a. 左手手掌平伸,掌心向上;右手五指张开,掌心朝外,然后撮合五指并按在左手掌心上。

b. 右手拇指、食指、中指相捏,在左手掌心上移动,如执笔写字状。

补充说明

可根据实际情况决定"抄"的方向性,如从黑板上抄下来,向旁边同学抄等。

15. 背诵

背诵

打法详解

a. 一手直立,掌心向内,拍一下前额。

b. 一手食指横伸,在嘴前向前转两圈。

补充说明

该手势表示记住并复述出来。

16. 书

书

打法详解

双手手掌合拢,然后往两边摊开,如打开书本状。

补充说明

该手势以翻书的动作来代表书。

17. 纸

纸

打法详解

双手拇指、中指相捏,指尖向下,掌心朝内,微抖几下。

补充说明

该手势以捏着纸张抖动的动作来作为"纸"的理据。

18. 笔

笔

打法详解

右手拇指与食指相捏,其余三指握拳,在胸前从左到右移动,如执笔写字状。

补充说明

该手势非常形象,听人也能理解。

19. 字

字

打法详解

一手打手指字母"Z"的指式。

补充说明

该手势利用了指拼来表达。

20. 词

词

打法详解

左手直立,掌心向外;右手食指、中指弯曲,其余三指握拳,指尖朝内,点一下左手掌心。

补充说明

汉语中的词语一般是双音节词,因此该手势用"两个字"来代表"词"。

21. 句

句

打法详解

一手拇指和食指张开,指尖朝前,向一侧移动一下。

补充说明

该手势通过模拟书面语中句子长长的外形特点来表示句子,也用于表示一行和数学的横式、试题。

22. 意思

意思

打法详解

右手手掌平摊,掌心向上,拇指、中指连续捏合弹动几次。

补充说明

该手势实际上就是"一四",是"意思"的谐音。

23. 理解

a　　　　b
理解

打法详解

a. 一手拇指和食指弯曲,指尖朝内,抵于下颚。

b. 双手手背呈拱起状,指背相对,分别向两侧扒动一下。

补充说明

该手势第一个动作为"理"的谐音字"李"。第二个动作巧妙地结合了一定的表意因素。

24. 专业

a　　　b

c
专业

打法详解

a. 左手食指伸出,指尖朝前,其余四指握拳。

b. 右手五指张开,掌心向下并贴于左手食指根部,然后向前移动的同时收拢五指。

c. 左手食指、中指、无名指、小指直立,指尖向上,拇指向掌心内弯曲,掌心朝向自己;右手食指横伸,置于左手四指根部外侧。

补充说明

该手势实际上即"专-业"。

25. 设计

设计

打法详解

左手手掌平摊,指尖向右,掌心朝下;右手拇指、食指、中指伸出,其中食指、中指并拢伸直,指尖向下,在左手小指外侧从左至右划动几下。

补充说明

该手势的理据为模拟用直尺等工具绘制图纸的动作。

26. 进步

进步

打法详解

右手五指并拢,小指贴于左手手腕处并往上滑动至左肩。

补充说明

该手势以向上运动表示进步。

27. 退步

退步

打法详解

右手五指并拢,小指贴于左肩处,然后往下滑动至左手腕。

补充说明

该手势以向下运动表示退步。

28. 表扬

a　　　　　b

表扬

打法详解

a. 双手鼓几下掌。

b. 一手伸出拇指,其余四指握拳,然后向前一顿。

补充说明

该手势非常形象,听人也能理解。

29. 批评

批评

打法详解

左手食指直立,指尖向上;右手伸食指,对着左手食指左右挥动几下。

补充说明

表示批判时,右手的动作力度加大。

30. 培养

培养

打法详解

左手伸拇指,虎口向上;右手五指撮合,指背碰两下左手拇指指背。

补充说明

此手势表示教某人,用来指"培养"。

31. 班会

a b

班会

打法详解

a. 左手手掌侧立,指尖朝上,掌心向右;右手拇指伸出,指尖朝上,其余四指握拳并贴于左手掌心。

b. 双手拇指伸直,其余四指往前微曲,掌心分别向左右斜前方,然后除拇指外的其余四指同时相对弯曲一下或几下。

补充说明

第一个动作即"班"的打法,理据是某个首领统领之下的一群人。

32. 办公室

a b

c

办公室

打法详解

a. 双手手掌横立,掌心朝内,然后前后互碰几下。

b. 左手拇指与食指搭成直角,其余三指握拳,右手拇指和食指做成大半个圆圈放入直角内,形成"公"字形。

c. 双手五指并拢,手掌伸直,指尖互搭成"人"形。

补充说明

该手势实际上即"办-公-室"。

33. 语文

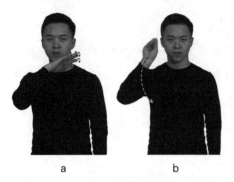

语文

打法详解

a. 右手手掌横伸,指尖向左,掌心朝下,手背贴于下颏,五指交替抖动几下。

b. 右手五指撮合,指尖朝前,撇动一下。

补充说明

该打法的第一个动作表示"语言",第二个动作如执毛笔写字状。

34. 数学

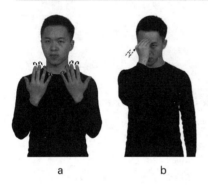

数学

打法详解

a. 双手五指分开,指尖向上,掌心向内,手指交替点动几下。

b. 右手五指撮合,指尖朝内,按向前额。

补充说明

该手势的第一个动作表示计算。

35. 英语

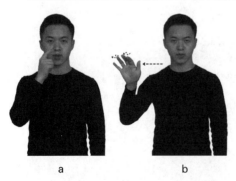

英语

打法详解

a. 一手食指伸出,指尖抵于右眼下方,其余四指握拳。

b. 一手五指分开微曲,掌心朝外,于面前从左至右运动,同时抖动五指。

补充说明

该手势通过模拟连续书写出的字母来表示英语。

36. 政治

政治(打法1)

打法 详解

双手打手指字母"ZH"的指式,指尖朝前,向下顿两下。

补充说明

该手势是借用指拼来表达抽象概念的典型例证。

政治(打法2)

打法 详解

左手小臂上举并握拳,虎口朝向自己;右手打字母"ZH"的指式,放置于手肘上方。右手手形不变,向下翻转半圈至手肘部位,掌心朝上。

补充说明

有人认为该手势是借用古代政治家的宽袍大袖来表示政治。

37. 历史

历史

打法详解

双手伸拇指、小指,其余三指握拳,掌心相对,放置于右肩前方,一边交替做圆周运动,一边向后移动。

补充说明

该手势表示历史是人与人的互动过程,同时也是向前回溯往事的过程。

38. 物理

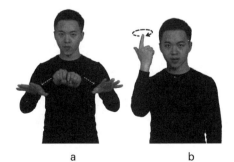

物理

打法详解

a. 双手食指伸直,其余四指握拳,掌心向下。双手食指靠近并互碰一下,同时张开五指。

b. 一手打手指字母"L"的指式,平行转动一下。

补充说明

该手势的第一个动作表示"东西、物体",是一个成词能力很强的词根。

39. 化学

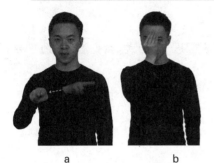

化学

打法详解

a. 一手打手指字母"H"的指式,指尖朝前斜下方,平行从左向右划动一下。

b. 一手五指撮合,指尖朝内,按向前额。

补充说明

该手势的第一个动作是以同音字"划"来代"化"。

40. 美术

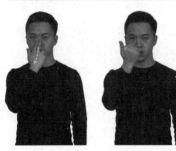

美术

打法详解

a. 一手伸拇指、食指、中指,其中,食指、中指并拢,先置于鼻部,然后边向外移动边缩回食指、中指。

b. 双手放胸前,掌心向下,相互拍一下手背。

补充说明

该手势的第二个动作的理据是用手语"技术"来代指"术"字。

41. 开学

开学

打法详解

a. 双手手掌直立,掌心向外,彼此靠拢,然后掌心翻转向内并朝两边打开,如开门状。

b. 双手斜伸,掌心向内,置于身前。

补充说明

该手势实际上即"开-学"。

42. 考试

考试

打法详解

左手手掌横伸,指尖向右,掌心朝上;右手拇指向上伸直,其余四指并拢,小指外侧贴于左手掌心,然后向内扫动几下。

补充说明

该手势通过模拟阅卷时翻页的动作来表示考试。

43. 成绩

成绩

打法详解

左手虚握拳头,虎口朝上;右手手掌平摊,指尖向前,掌心朝下,盖在左手拳头上,并抖动几下五指。

补充说明

该手势与"分钟"的打法颇为相似,以"分"来指代"成绩、分数"。

44. 放假

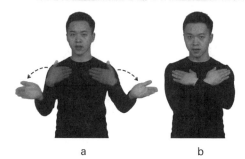

a   b
放假

打法详解

a. 双手横立,掌心向内,然后向外打开,表示打开大门。
b. 双手手臂交叉,掌心自然贴于胸部。

补充说明

该手势清晰地表达了放学回家、转入休息阶段的含义。

45. 毕业

毕业

打法详解

双手手掌向上平伸,边从下向上移动边握拳,手背向外。

补充说明

该手势以毕业典礼上接过毕业证书的动作来转指毕业。

46. 小学

小学

打法详解

a. 一手拇指、小指相捏,拇指指尖抵于小指内侧。

b. 双手手掌在胸前摊开,掌心向内,小指外侧靠在一起,如读书状。

补充说明

该手势实际上即"小-学"。

47. 中学

中学

打法详解

a. 左手拇指、食指捏成小圆圈,其余三指握拳;右手食指伸直,放于左手圆圈上,搭成"中"字形。

b. 双手手掌在胸前摊开,掌心向内,小指外侧靠在一起,如读书状。

补充说明

该手势实际上即"中-学"。第一个动作为汉字"中"的仿字。

48. 大学

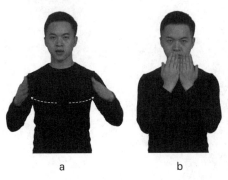

大学

打法详解

a. 双手侧立,掌心相对,同时向两侧移动。

b. 双手手掌在胸前摊开,掌心向内,小指外侧靠在一起,如读书状。

补充说明

该手势实际上即"大-学"。

49. 研究生

研究生

打法详解

a. 左手手掌横伸,指尖向右,掌心朝上;右手食指、中指并拢伸直,指尖在左手掌心上画几小圈,其余三指握拳。

b. 左手伸拇指,右手伸小指,指尖向上,其余四指握拳;右手小指外侧贴于左手手背指节处。

补充说明

该手势实际上就是"研究-学生"。

50. 博士

博士

打法详解

左手手掌横伸,指尖朝右,掌心向下,搭于前额上;右手中指、无名指、小指直立分开,掌心朝外,从左手指尖处向下移动。

补充说明

该手势是以博士帽上下垂的流苏来转指博士。

第三节　句子学习

扫描二维码
观看微课视频

1. 大家好!我是王老师,负责教你们数学。 大家/好!我/王/老师,负责/数学/教/大家(自身→大家)。	**学习提示** 1. "我是王老师"可省略"是",不影响意义的表达。 2. "大家"的打法是伸出手掌,掌心朝下,在面前平转半圈,可根据实际人数的多少来调整转圈的大小。不能打"大-家",否则会使聋人误以为是"大房子"。 3. 注意动词"教"有方向性。
2. 班主任在教室里等你,你快去吧。 指(那边)/教-室/班-主-任/等/你,你/快/去。	**学习提示** 1. 本句中用直接指示的方法表示教室在哪里、有多远。 2. 注意用表情和体态表达催促的语气。
3. 现在开始上课,请大家不要再打手语聊天了,注意看我讲课。 现在/上课/开始,大家/手语/停+++,看(大家→自身)/上课。	**学习提示** 1. 从事件发生的先后顺序来看,先有"打手语",然后叫停,所以此句中将"手语"放在"停"之前,不同于汉语的表达顺序。 2. "停"在不同方向连打几次,表示对所有同学叫停。 3. 注意动词"看"的方向性。在此句中,"看"的宾语明显是老师本人,因此后面不再加"我"。

(续表)

4. 如果你不明白,就举手问我,老师会再讲一遍。 如果/你/不知道,举手/问(对方→自身),我/说/再/1。	**学习提示** 1. 注意"知道"的否定形式较特殊,不是直接加"不"。"不知道"有一个专门的手势来表达。 2. 手语中一般不使用汉语量词,因此这里不打"遍"。 3. 注意动词"问"有方向性。	
5. 昨天我做完了作业,但是忘记放进书包了,真可惜! 昨天/我/作业/写/完了,但是/书包/放进去/(摇头)忘记,真/可惜!	**学习提示** 1. 以视觉顺序来观察,是先有书包,然后才能把作业本放进去,因此"书包"的手势在前,"放进去"的手势在后。 2. 注意在打"忘记"时配合以摇头的体态,表达遗憾的语气。	
6. 他今天早上迟到,被老师叫到办公室批评了。 今天/早上/他/迟到,老师/抓走/办-公-室/批评。	**学习提示** 注意"抓"的方向性和手势前后的位置变化。	
7. 我去年从长春大学毕业,学的是计算机专业。 我/去-年/长春/大-学/毕业,专业/计算机。	**学习提示** 1. "长春"的手势为当地聋人的习惯打法。 2. "专业"后直接接"计算机",不需要加"是"。	
8. 上次考试他刚及格,但这次考了90分,他学习真努力。 以前/考试/他/分数/60,现在/进步/90,他/读书努力。	**学习提示** 1. 数字60的打法是在打出6的基础上向下弯曲拇指和小指。数字90的打法是在打出9的基础上向下弯曲食指。其他数字如20、30、40等的打法可类推。 2. "读书努力"的打法是一手打读书,一手打努力,两个手势同时呈现。	
9. 本科毕业后,你打算考研究生吗? 本-科/读/毕业/完了,你/考/研究-生/计划/有?	**学习提示** 此句中的"完了"表示动作已完成,即"毕业之后"。	
10. 我今天认识了两位来自聋校的老师,他们一个教语文,一个教英语。 今天/我/认识/老师/2,工作/聋-校,第一/语文/教,第二/英-语/教。	**学习提示** 1. 手语习惯将中心语放在前面,修饰语放在后面,因此先打"老师",再打出"两位"。 2. 本句中用食指和中指代表两位老师,清楚地说明了这两位老师各自负责哪个学科的教学。	
11. 多读,反复抄写几遍,自然就会记得了。 多/读/多/反复/抄-写,自然/记得/完了。	**学习提示** 1. "自然"的打法为右手食指伸直,其余四指握拳,食指贴于左肩,然后拇指与中指指尖相弹并放开五指,同时略向外移动。这一手势表示"自然、天然"等意。 2. 此句中的"完了"起着类似动词后缀的功能,表示动作已完成,即"记住了"。	

(续表)

12.	明天开卷考试,请大家准备好相关资料。 明天/开卷/考试,大家/资料/提前/准备/好。	**学习提示** 1. "开卷"的手势为打开书本的动作。 2. "资料"的手势在这里用"东西"来表达,"东西"是一个成词能力很强的词根,还可以用在家具、玩具、工具、物理等词语中。 3. "提前"的手势为左手手掌直立,指尖向上,掌心朝前,右手手掌直立,掌心朝后,在左手手背处向后运动,表示比原定的标准提前。
13.	我们学校明年要搬到大学城的新校区。 我们/学校/计划/明-年/搬/大-学-城/新/校-区。	**学习提示** 注意动词"搬"的方向性。
14.	现在下课休息十分钟,大家可以到外面走走,喝点水,上个厕所。 现在/下课/休息/十分钟,大家/走动/喝水/厕所/都/可以。	**学习提示** "十分钟"的打法为左手握拳,右手比数字十,从左拳上方向外刮一下。由此可类推打出"一分钟、两分钟、三分钟"等。
15.	教学生成语,不仅要教会他们写,还要让他们真正理解成语的意思。 教/学生/成语,教/写/会/不够,还/教/成语/意思/知道。	**学习提示** 1. 关联词语"不仅……还……"在这里用"不够"和"还"的手势来表达。 2. "成语"一般是四个字,因此这里用四个字组成词语的手势来表达"成语"。
16.	7月2日到8月30日放暑假,8月31日回学校开班会。 7月2日/一字线/8月30日/暑假,8月31日/来/学校/班-会。	**学习提示** 1. 手语中表达某月某日使用双手同时呈现数字的方法,一手在上表示月份,一手在下表示日期,非常简洁。 2. 一字线在这里直接打出。这是手语中直接打标点符号的为数不多的例子之一。
17.	请你明天上午9点到1203教室参加面试。 明天/上午/9点/到/教-室/1023/面-试。	**学习提示** 手语习惯将中心语放在前面,修饰语放在后面,因此先打"教室",再打出教室的号码。
18.	一食堂的饭菜好吃,但是比较贵,二食堂比较便宜,但是有点远。 第一/食-堂/好吃,钱/贵,第二/食-堂/便宜,走/远。	**学习提示** 1. "好吃"为聋人惯用的打法,即味道好。注意同时配合面部表情。 2. 两个食堂各有优劣,本句中没有使用关联词"但是",而是用表情的变化来表示内在的逻辑关系。
19.	谁愿意做下学期的班长?请来我这儿报名。 下/学-期/谁/愿意/做/班-长?来/指(这里)/报名。	**学习提示** 1. "班长"的手势为"班-领导",同理可派生出厂长、校长、组长、科长、局长等词语。 2. 本句用直接指示的方法直观地说明报名地点。
20.	举办活动必须提前三天写申请,请老师签字,然后才能拿钥匙。 办/活-动/提前/三天/申请,老师/签名,最后/钥匙/拿/可以。	**学习提示** 1. 该句中的"三天"为聋人习惯的打法。由此可类推表达一天、两天、四天、五天等概念。 2. 为了强调必须办好所有手续后才能拿钥匙,此处用"最后"代替了"然后"。

第四节 会话学习

扫描二维码
观看微课视频

——————【会话 1 快考试了】——————

A：星期三早晨在 1401 教室考计算机，你知道吗？ 星期三/上午/在/1401/计算机/考试，你/知道？	本句中没有疑问词，直接以表情来表达疑问语气。
B：我不知道呀，什么时候通知的？ 不知道，什么/时候/通-知？	注意"不知道"的手势不是"不-知道"，而是一个专门的手势。
A：昨天下午老师通知的，你请假了不在。 昨天/下午/老师/通-知/有，你/请假/不/在。	
B：呀，你不说我都不知道。几点开始考？ （以拳头击打掌心）你/不/说/我/不知道，几点/考试？	以拳头击打掌心的动作属于身势语的范畴，在此处表示感慨、庆幸。此外，这个动作还可以表示遗憾、后悔等，但需要配合相应的面部表情。
A：9 点开始，考 2 个小时。 9 点/开始/考试/2 小时。	"2 小时"的打法是右手以数字 2 的手形，在左手手腕处转动一圈，代表手表上的时针转了 2 圈。
B：哎！我还没复习好呢，你下午有时间吗？我有点问题想问你。 （以拳头击打手心）我/复-习/没有，你/下午/时间/有？我/想/有/问题/问（自身→对方）/你。	"没有"的手势实际上就是"0"，以零来指代没有、无。
A：可以啊，下午 3 点你来我宿舍找我吧。 可以，下午/3 点/来/我/宿-舍/找/我。	
B：太谢谢你了！我高中没有学过计算机，现在进了大学学起来很吃力呢。 （躬身）谢谢！我/以前/高-中/学/计算机/没有，我/来/大-学/学/计算机/困难。	上身前倾的体态表示感谢。
A：没关系的，多看书，多上机练习，你考试一定能顺利通过的。 没关系，多/看-书，多/打字/练习，你/考试/一定/会/通过。	此句中的"上机"用"在键盘上打字"的动作来代替。
B：谢谢，希望如此！ （躬身）谢谢！希望/指（这）/通过。	

【会话2　图书馆】

A：同学你好，请问图书馆怎么走？ 　　（挥手）你/好，问/图书馆/在/哪里？	聋人互相打招呼时一般不加称呼，直接以挥手和眼神示意即可。 "哪里"的手势和"什么""谁"一样，根据语境理解，不会产生歧义。 用手语指路时，空间和方位的运用显得特别重要，可以根据实际情况来直接示意相应方向。
B：顺着这条路直走右转就到了。 　　看（自身→前方）/路/直走/右转/到/完了。	
A：请问图书馆里可以上自习吗？ 　　去/图书馆/自习/可以？	"请问"在手语中用礼貌的表情及身体姿态来表达即可。
B：当然可以了。我刚好要去图书馆上自习呢，我们一起过去吧。 　　可以＋＋＋。我/正好/去/图书馆/自习，我们俩/去/好不好？	注意面部表情传达了"当然"的语气。
A：太好了，我俩一起去。图书馆什么时候开馆，什么时候闭馆？是不是只要带上学生证就可以了？ 　　（拍手）我们俩/去。问/图书馆/什么/时候/开门？什么/时候/关门？带/学生-证/1/够/是？	"开门"和"关门"的手势都可以直接用单个动作表达。
B：周一到周六早上9点开馆，晚上9点闭馆。是的，只带学生证就可以了。 　　星期一/星期二/星期三/星期四/星期五/星期六/早上/9点/开门，晚上/9点/闭门。是/带/学生-证/1/够。	"证件"的手势由盖章的动作演化而来。
A：还有什么需要注意的吗？ 　　还/要/注意/什么？	
B：我想想……哦，那里有免费存包柜，但需要自己带一元硬币。 　　我/想（思考），（想到了，挥手示意对方）指（那边）/存/东西/柜子/免费/有，但是/钱/1元/自己/带/要。	"柜子"的手势是模仿打开柜门的动作。 "免费"的手势是先以弯曲的拇指和食指圈成钱币状，然后向下一甩，表示不需要付钱。
A：明白了。非常感谢！ 　　知道，谢谢。	此处用双手打出"谢谢"，表示非常感谢。
B：不用客气。 　　不---。	

第五节　聋人文化专题——和聋人有关的故事及笑话

这里所说的故事和笑话，并不是由听人创造的、以聋人为话题的。诚然，听人社会里也流传着一些以聋为主题的歇后语、打油诗等，但类似"聋子的耳朵——摆设"，这种说法体现出来的是对残障人士的不尊重，已经越来越被现代社会所摒弃。把眼光投向聋人社群，我们会发现许许多多的聋人文化作品，这些作品是由聋人自己创造的，不仅集中了聋人群体的智慧，也能反映出无声世界的特色。

在这里，我们介绍一个名为《聋人的鼓掌》的小故事和一个名为《巧找房间》的小笑话。这些故事和笑话曾长期流传在我国的聋人教师群体中。

聋人的鼓掌

听人的鼓掌方式是拍巴掌，但聋人的鼓掌方式是举起双手舞动，为什么呢？其实这里面还有个小故事。

据说有一年世界聋教育大会，有一位健听专家在台上发言，大讲特讲要消除手语、强化口语教学法的主张。他的讲话被手语翻译员同步翻译出来后，激起了台下聋人的愤怒，大家纷纷涌到讲台前，高举双手，反复舞动，其实，这是国际手语中"finish（结束）"的手势，他们是在"说"：得了，别讲了，下去吧！下去吧！聋人的举动成了全场的焦点，专家惊奇地问翻译员："他们在干什么？"翻译员顿时慌了，因为国际会议这么重要的场合，他怎么好照实说出来扫专家的兴呢？于是，他灵机一动，对专家说："这个是聋人独特的欢迎方式，他们在对您表示欢迎呢！"在场的人听到这个说法，都纷纷点头——嗯，聋人听不到拍巴掌的声音，变鼓掌为"舞掌"，非常好，很有聋人特色！于是，会议结束后，各位参会代表回到自己的国家，也把这个特别的"舞掌"方式带到了世界各地。从此，"舞掌"也就成了国际通行的聋人惯例。

巧找房间

一对刚办完婚礼的美国聋人夫妇正在蜜月旅行，开了一天车之后，两个人都很疲惫，眼看都快到晚上11点了，可沿途的旅馆全部爆满，最后，他们总算找到了一家位于高速公路旁边的小旅馆，这里刚好还剩下一个空房可以歇脚。

安顿好之后，丈夫决定去吃点夜宵，而累坏了的妻子一个人在房间休息。一个小时后，丈夫回来了，这时，他突然发现忘记住在哪个房间了。美国的旅馆房卡上是不写房间号码的，妻子是聋人，睡着了听不到敲门声，怎么办？漆黑的夜里，丈夫焦急地抬头看着大楼。突然，他灵光一闪，想到了一个好主意。

他转身回到驾驶室内,开始不停地按喇叭。尖厉的声音划破了夜空的寂静,来往的行人都纷纷捂起耳朵。半分钟、一分钟、两分钟……一个接一个的窗口亮起了灯光,原来住在旅馆的人们被这阵突如其来的噪声打扰,不知道发生了什么事情,都纷纷打开灯,从窗口伸长脖子探头出来看。丈夫的眼睛迅速地搜寻着楼上的窗口。突然,他的眼睛一亮:几乎所有的房间都亮起了灯,只有四楼第二个窗口还是黑的!这一定是他亲爱的妻子!

　　也许这些故事和笑话经不起太严谨的推敲,但它们反映了无声世界的种种无奈,只有具备失聪体验的人,才能会心一笑。如果想了解聋人社群里流传的更多故事、笑话和掌故,就去问一问你的聋人朋友,或者读一读关于聋人的书籍吧。

第七章 交通出行

第一节 手语语言学专题——手语的空间性

手语是一种视觉语言，因此能很好地利用空间和方位，对空间的模拟具有高度的象似性。

（1）手语中表达位置关系。

对于不同物体之间的位置关系，汉语囿于声音载体所限，不能直接表达出来，必须通过线性的句子来描述，如"……在里头，……在外头""……在……上"等。而手语却能突破线性的局限，以立体的方式非常直接、形象地表达。如"床上躺着一个人"，左手比床的手形，右手比人的手形并放在"床板"上即可。又如"我家门前有三棵树，一棵比一棵矮"。左手比出"3"作为三棵树的类标记手形，右手手掌从左至右擦过三根手指顶端并同时向下运动，表示逐渐变矮，使用这样一系列手势即可完成表达。

手语：床上躺着一个人

手语：我/家/门/前/树/3/一棵比一棵矮。

(2) 手语中的同时性。

手语中如果提到多个主题、多个选项或多件同时进行的事,也能够利用空间方位来区分,尤其是左右手可以分工。如：

他一边读书,一边工作。

（拍左肩）　　　工作

手语：他/(拍右肩)/读书/(拍左肩)/工作

(3) 手语中的角色和视角。

讲述事件时，聋人习惯将不同的人物、地点、事物和事件分别安排在视线的左侧或右侧，作为参照点。提到该事物时，手语在指代该事物的专属位置上打出，讲完以后换话题时，位置也随之变化，如果后面需要再回顾该事物，只需回到原先的那个参照点即可明确意思。

手语还能利用空间方位来形象地模拟两个人交谈。首先，聋人会在脑海中预先确定两个谈话人谁在左谁在右，各自有什么特征，如身材高矮、语气态度等。然后，聋人会将自己代入其中，直接当"演员"来模拟说话过程，扮演完一个角色之后，用身体、头部或眼神的朝向变化来表示说话人的切换，再接着"扮演"另外一个角色。我们来看一个例子："他苦苦哀求，而她不为所动。"

他　　　　哀求　　　　她　　　　　不理睬

手语：指(他)/哀求，指(她)/不理睬

（4）动词的方向性。

手语中，许多动词具有方向性。如"来""骂""给""帮助""支持""借""看"等。我们在学习时必须根据语义和语境灵活表达。就以"看"这个词为例，加上不同的方向，可以表达很多含义：你看我、我看你、他看你、往上看、彼此对看……

来（从旁边来）

来（从前面来）

骂（我骂别人）

骂（别人骂我）

给（给我）

给（给你）

给（给他）

 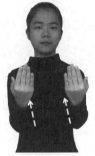  

帮助(我帮助你)　　帮助(你帮助我)　　支持(我支持你)　　支持(你支持我)

借(你把东西借给我)　　借(我把东西借给你)　　看(我看你)　　看(你看我)

看(我看他)　　看(向上看)　　看(两人对看)

第二节　词语学习

一、词语学习汇总

1.	交通	2.	自行车	3.	摩托车	4.	出租车	5.	堵车
6.	火车	7.	地铁	8.	船	9.	飞机	10.	买票
11.	轮椅	12.	厕所	13.	电梯	14.	桥	15.	山洞

（续表）

16.	路	17.	十字路口	18.	城市	19.	农村	20.	楼房
21.	商店	22.	银行	23.	公园	24.	博物馆	25.	图书馆
26.	问路	27.	地图	28.	陌生人	29.	旅游	30.	行李
31.	预订	32.	宾馆	33.	饭店	34.	兴趣	35.	试
36.	火锅	37.	面条	38.	米饭	39.	西餐	40.	冰棒
41.	麦当劳	42.	肯德基	43.	特产	44.	好吃	45.	买
46.	贵	47.	便宜	48.	质量	49.	满意	50.	免费

二、具体打法

1. 交通

交通

打法详解

双手手掌横立，一前一后，掌心朝向自己，从两侧向中间交替移动。

补充说明

该手势用车来车往来转指交通。

2. 自行车

自行车

打法详解

双手握拳，手背向上，一左一右交替做圆周运动。

补充说明

该手势通过模拟蹬自行车的动作来表示自行车。

3. 摩托车

摩托车

打法详解

双手虚握,手背向上,上下颠几下,如骑摩托车的动作。

补充说明

该手势通过模拟驾驶摩托车的动作来表示摩托车。

4. 出租车

出租车

打法详解

右手中指曲起,指尖抵于食指中部,其余三指握拳,向前移动。

补充说明

该手势通过截取出租车外形的一部分——车顶上的牌子来表示出租车。

5. 堵车

堵车

打法详解

双手五指成"匚"形,指尖朝前,一前一后,前面的手不动,后面的手往后拉,拉的过程中顿几下。

补充说明

该手势形象地表现出了堵车时车辆排成长龙的样子。

6. 火车

火车

打法详解

左手食指、中指分开伸直,指尖朝前,其余三指握拳,手背向上;右手食指、中指弯曲伸出,抵在左手食指、中指上,然后向前滑动。

补充说明

该手势以伸直的V手形代表铁道,以弯曲的V手形代表火车,表现火车在铁轨上行驶的样子。

7. 地铁

地铁

打法详解

左手手掌平伸,掌心向下;右手食指、中指伸出弯曲,其余三指握拳,手背向上,在左手手掌下向前移动。

补充说明

该手势由"火车"的手势派生而来,意即"跑在地底下的火车"。

8. 船

船

打法详解

双手手掌侧立,除拇指外四指伸直并指尖相抵,双手一起向前移动。

补充说明

该手势通过模拟轮船的外形来表示船。

9. 飞机

飞机

打法详解

一手伸出拇指、食指、小指,掌心朝下,其余二指握拳,向前上方做弧形移动。

补充说明

该手势通过模拟飞机飞行的动作来表示飞机。其中食指代表飞机头部,拇指与小指代表机翼。

10. 买票

a   b

买票

打法详解

a. 左手手掌并拢横伸,掌心向上,右手背在左手掌心轻拍一下,然后朝自己移动。

b. 双手拇指、食指张开,指腹相对,虎口朝上,从中间向两侧移动,如车票大小。

补充说明

"票"的手势为模拟车票的外形。

11. 轮椅

轮椅

打法详解

双手虚握拳头,在腰部两侧同时向前转动。

补充说明

该手势通过模拟肢残人摇动轮椅前进的动作来表示轮椅。注意双手位于腰间,位置不要过高。

12. 厕所

厕所

打法详解

一手拇指、食指相对弯曲呈半圆形,其余三指指尖朝上伸直,左右微晃。

补充说明

该手势即"WC"的字母外形模拟。

13. 电梯

a   b

电梯

打法详解

a. 一手食指书空闪电形状。

b. 左手手掌平摊,掌心朝上;右手拇指、小指伸直,其余三指握拳,小指指尖抵于左手掌心,双手同时上下移动。

补充说明

Y手形在此处是人的类标记,整个手势意为电梯载人上下。

14. 桥

桥

打法详解

双手手背向上,食指、中指伸出,指尖互相对齐,其余三指握拳,从中间向两侧呈弧形拉开。

补充说明

该手势的理据为直接模拟桥梁的外形。

15. 山洞

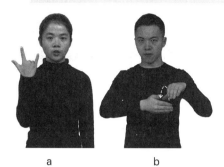

山洞

打法详解

a. 一手手掌直立,指尖向上,掌心向内,伸出拇指、食指、小指,其余二指握拳。

b. 左手拇指与其余四指虚握成一半圆,掌心朝下;右手除拇指外四指并拢,在左手半圆内做弧形移动。

补充说明

第二个手势为模拟山洞的外形。

16. 路

路

打法详解

双手手掌侧立,掌心相对,然后同时向前移动。

补充说明

可根据实际的路宽来调整双掌之间距离的大小。

17. 十字路口

十字路口

打法详解

a. 双手手掌侧立,掌心相对,然后同时向前移动。

b. 左手食指和右手食指互搭成"十"字形。

补充说明

先打"路",然后打"十",表示路如十字状相交。

18. 城市

城市

打法详解

双手伸出食指,指尖相抵,其余四指握拳,掌心相对。双手从中间向两侧移动的同时食指做弯曲和伸直交替的动作。

补充说明

该手势通过模拟城墙的外形来表示城市。

19. 农村

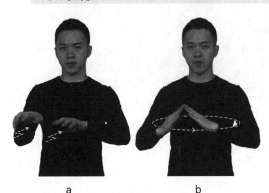

a b

农村

打法详解

a. 双手五指微曲,掌心向下,一前一后,连续向下挖几下。

b. 双手五指并拢,手掌伸直,指尖互搭成"∧"形,平行转动一圈。

补充说明

该手势的理据是以锄地的动作来代表农村。

20. 楼房

楼房

打法详解

双手横立,手背朝外,左手在下,右手在上,右手向上移动。

补充说明

该手势形象地展示了高楼平地而起的样子。

21. 商店

a b

商店

打法详解

a. 双手手掌横伸,掌心向上,在胸前前后交替转动几下。

b. 双手五指并拢,手掌伸直,指尖互搭成"∧"形。

补充说明

第一个手势意为"买卖、交易",第二个手势是一个成词能力很强的词根,在许多词语中都可见到。

22. 银行

银行

打法详解

双手拇指与食指弯曲成半圆形,其余三指握拳,掌心朝自己,上下交替动几下。

补充说明

该手势通过模拟钱币不断进出运转的动作来表示银行。

23. 公园

a   b

公园

打法详解

a. 左手拇指与食指搭成直角,其余三指握拳,右手拇指和食指做成大半个圆圈放入直角内,形成"公"字形。

b. 右手食指指尖朝下,在胸前画一个大圆。

补充说明

该手势的第一个动作为汉字"公"的仿字,第二个动作为借用同音字"圆"来转指"园"。

24. 博物馆

a   b

博物馆

打法详解

a. 双手直立,掌心向内,放在身前,从中间向两侧一顿一顿移动几下。

b. 双手五指并拢,手掌伸直,指尖互搭成"∧"形。

补充说明

该手势也表示"展览馆"。

25. 图书馆

图书馆

打法详解

a. 左手手掌横伸,五指并拢,掌心朝上;右手食指、中指分开,从左掌心上向右翻动两下。

b. 双手五指并拢,手掌伸直,指尖互搭成"人"形。

补充说明

该手势用翻书的动作表示图书馆。

26. 问路

问路

打法详解

a. 一手五指张开微曲,掌心朝前,放置于嘴前,然后向前移动一下。

b. 双手手掌侧立,掌心相对,然后同时向前移动。

补充说明

注意动词"问"有方向性。

27. 地图

地图

打法详解

a. 一手伸食指指一下地面。

b. 左手手掌横伸,五指并拢,掌心朝上;右手五指撮合,指背在左手掌心上从左向右滑动一下或几下,如画画状。

补充说明

该手势实际上即"地-图"。

28. 陌生人

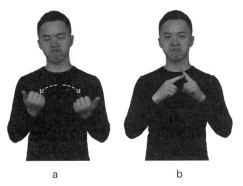

陌生人

打法详解

a. 双手伸出拇指，指尖朝上并相抵，其余四指握拳，然后分开指尖，双手从中间向两侧移动。

b. 双手伸食指搭成"人"字形。

补充说明

该手势的第一个动作表示两人不相识，A 手形在这里是人的类标记。

29. 旅游

旅游

打法详解

左手握拳；右手伸拇指、小指，其余三指握拳，小指在左手手背上随意点几下。

补充说明

Y 手形在这里是人的类标记，整个手势表示人在世界各地旅游。

30. 行李

行李

打法详解

右手于腰旁虚握拳头向前拉动上提，如拉行李状。

补充说明

该手势是模拟提行李的样子。

31. 预订

预订

打法详解

a. 左手手掌直立,指尖向上,掌心朝前;右手掌心朝向自己,手背贴于左手手背,然后向内移动。

b. 双手拇指、食指、中指指尖捏合,一前一后,往下一顿。

补充说明

该手势的第一个动作意为"提前",第二个动作意为"订"。

32. 宾馆

宾馆

打法详解

右手打字母"K"的指式,中指指尖抵于太阳穴处。左手手掌平摊,掌心向上;右手手形不变,向下移动,中指指尖抵于左手掌心。

补充说明

该手势为聋人的习惯打法。第二个动作表示"租赁",第一个动作在太阳穴附近打出,有"睡觉"之意,即宾馆是临时租赁用来睡觉过夜的场所。

33. 饭店

饭店

打法详解

a. 一手伸食指、中指向嘴拨动,模拟用筷子吃饭状。

b. 双手五指并拢,手掌伸直,指尖互搭成"∧"形。

补充说明

该手势意即"吃饭的地方",如餐厅、饭店、食堂等。

34. 兴趣

兴趣

打法详解

拇指和食指指尖在鼻翼一侧互捻几次,其余三指握拳。

补充说明

该手势为借用味觉上的"味道"来表示思想上的"兴趣"。

35. 试

试

打法详解

一手拇指、小指伸出,其余三指握拳,拇指指尖抵于鼻侧不动,小指指尖向内微曲几次,面露好奇的神色。

补充说明

该手势为聋人手语中惯用的打法。注意表情的配合。

36. 火锅

火锅

打法详解

左手拇指、食指、小指直立,手背向外;右手食指、中指相叠,指尖朝下,在左手上转动两下。

补充说明

该手势的理据为模拟拿筷子在火锅里涮菜的动作。

37. 面条

a　　　　　b
面条

打法详解

a. 左手拇指、食指成半圆形,虎口朝上。

b. 右手食指、中指伸直,由胸前向嘴部夹动几下,模拟吃面状。

补充说明

该手势为模拟用筷子吃面条的动作。

38. 米饭

米饭

打法详解

一手拇指、食指微张,抵于嘴角处前后微转几次。

补充说明

该手势的理据是吃米饭时,米粒会粘在嘴角。

39. 西餐

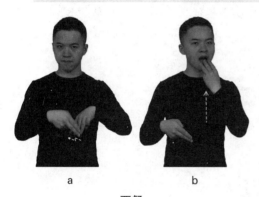

a　　　　　b

西餐

打法详解

a. 左手食指、中指、无名指分开,指尖朝下如按物状;右手食指、中指并拢,靠近左手模拟切肉状。

b. 右手不动,左手移向嘴部。

补充说明

该手势的理据为模拟用刀叉吃牛排的样子。

40. 冰棒

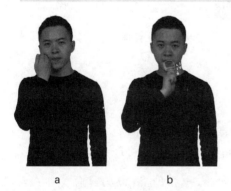

a　　　　　b

冰棒

打法详解

a. 一手食指、中指、无名指、小指弯曲,指背贴于脸颊处。

b. 一手拇指、食指捏合,虚握拳头,如持冰棒状,放置于嘴前上下移动。

补充说明

该手势的第一个动作为"冰、冷",第二个动作为模拟舔冰棒的样子。

41. 麦当劳

麦当劳

打法详解

双手伸出食指,指尖相抵,然后同时向两侧移动,划出一个大写的"M"。

补充说明

麦当劳的标志是一个大大的黄色 M,该手势即模拟其外形。

42. 肯德基

肯德基

打法详解

右手五指成"⊃"形,指尖朝上,朝下颏处碰两下。

补充说明

肯德基的标志形象是一个白胡子老爷爷,该手势即模拟他的胡子形状。

43. 特产

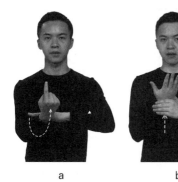

a   b

特产

打法详解

a. 左手手掌平摊,掌心向下;右手伸出食指,指尖朝上,从下往上由左手小指外侧伸出。

b. 左手五指虚握成半圆形,虎口朝上;右手五指撮合,指尖朝上,手背朝外,边从左手虎口内伸出边张开五指。

补充说明

该手势第一个动作意为"特别",第二个动作意为"生产"。

44. 好吃

好吃

打法详解

一手拇指伸出,其余四指握拳,由嘴唇下方向前移动,面露愉悦的表情。

补充说明

该手势在"好"的基础上变化而来,即嘴巴尝到的味道好。

45. 买

买

打法详解

左手手掌平摊,掌心向上,右手手背在左手掌心轻拍一下,然后朝自己移动。

补充说明

右手背在左手掌心拍一下后向内移动表示买,如果是向外移动则表示卖。

46. 贵

贵

打法详解

左手手掌平摊,掌心朝上;右手拇指、食指相捏,其余三指握拳,往下落于左手掌心的同时弹开拇指与食指。

补充说明

该手势看起来很像将一叠厚厚的纸币放在手掌心的动作。注意面部表情的配合。

47. 便宜

便宜

打法详解

左手手掌平摊,掌心朝上;右手拇指、食指捏合成小圆圈,其余三指握拳,向下轻碰左手掌心。

补充说明

该手势看起来很像将一个重量很轻的钱币放在手掌心的动作。注意面部表情的配合。

48. 质量

质量

打法详解

左手握拳,掌心向下;右手食指与中指在左手手背上交替弹动几下。

补充说明

该手势借用敲击商品鉴别好坏的方法来表示质量。

49. 满意

a　　　　　　b

满意

打法详解

a. 一手掌心朝下,从腹部向下颌移动。
b. 一手食指横伸,手背向外。借"一"来表示"意"。

补充说明

该手势为借用"满"来表示"满意"。注意面部表情的配合。

50. 免费

免费

打法详解

右手拇指、食指弯曲成圆形,其余三指握拳。然后五指张开,向下甩动一下。

补充说明

该手势为聋人手语的习惯打法,即"钱-算了"。

第三节　句子学习

句子	学习提示
1. 现在是上班高峰期,坐出租车还是坐公交都会堵车,咱俩干脆走过去吧！ 现在/上-班/人/人流/多,公交车/出租车/都/堵车,我们俩/去/走路。	**学习提示** 1. "人流"的手势看起来很像许多人来来往往的样子。 2. 提议的语气在这里用表情来传达。
2. 地铁站有升降电梯,大大方便了坐轮椅的残疾人。 地铁/里/电梯/有,轮椅/进入/方便。	**学习提示** 自动扶梯和升降式电梯,手语可以直接形象化地模拟。
3. 你的新车真漂亮！什么时候考的驾照？ 你/新/车/漂亮！什么/时候/考/驾驶-证？	**学习提示** 打"漂亮"的手势时表情加强,表示程度的夸张。
4. 顺着这条路走到底,左边是男厕所,右边是女厕所。 路/直走/到底,左边/男/厕所,右边/女/厕所。	**学习提示** 1. 本句开头打出的"路"要注意与实际方向一致。 2. "到底"的手势表示碰壁了,不能再走了。
5. 如果迷路了,就仔细研究一下地图,或者去找人问路。 如果/路/走/迷糊,你/查/地-图,或者/去/路/问。	**学习提示** 1. "迷糊"的手势可以表示搞不懂、茫然、糊涂、乱七八糟等含义。 2. "问路"在这里打成"路/问",将主题放在说明之前。
6. 下个月,我的爷爷奶奶会从农村老家来我家小住一段时间。 下/月,我/爷爷/奶奶/农村/来/家/住/几天。	**学习提示** "从农村到家里来"的表达方法是先打"农村",然后再打"来",最后打"家",符合事件真实发生的顺序。
7. 许多景点对残疾人免费,你记得旅游时带上残疾证。 多/景点/对/残疾/照顾/免费,旅游/带/残疾-证/记得。	**学习提示** 1. "照顾"的手势是左手打A手形,表示人,右手食指与中指分开,对准左手拇指,如照看状。 2. 本句中的"残疾人"用手臂残缺这一意象来表达,但事实上指的是全体残疾人。
8. 他是第一次坐飞机,东张西望,觉得挺好奇。 他/坐/飞机/第一次,看++/兴趣---。	**学习提示** 1. "看"是一个典型的方向性动词,变化很多。 2. 本句中的"好奇"用"有兴趣"来表达。
9. 他买的新房子周边商城、超市、银行、医院应有尽有,生活很方便。 他/买/新/房子/周围/多,第一/商店/第二/超市/第三/银行/第四/医-院/各种各样/多,生活/方便。	**学习提示** 1. 手语善于直接模拟物体所在的方位及多个物体彼此之间的空间关系,本句中的"新房子周边有许多设施"即表现得很直观。 2. 手语以逐个列举的方式来进行罗列式陈述。

(续表)

10. 十月份去南京旅游的人特别多,你记得提前预订机票和宾馆。 十月份/去/南京/旅游/人/来来往往/多,飞机-票/和/宾馆/提前/订/好/记得。	**学习提示** 1. "十月份"的打法为一手在上打数字十,一手在下食指转小圈,表示十月份的所有日子。 2. "来来往往"的手势在这里指去南京和从南京回来的人都很多。
11. 动车开通之后,很多人选择坐动车旅行。 动车/通/好,多/人/选/坐/动车/旅行。	**学习提示** 本句最后一个手势意为旅游、旅行、游览等。
12. 从香港乘船到澳门得花1个小时左右。 香港/乘船---/澳门/1小时/左右。	**学习提示** 1. 注意"乘船"手势的起止点即代表从香港到澳门的距离。如果是更远的旅行,该手势的运动距离可相应加大。 2. 食指在手腕处转一圈,然后打数字1,表示1个小时。
13. 我觉得麦当劳和肯德基差不多,随便选一家吃饭就行。 我/觉得/指(这里)/麦当劳/指(那里)/肯德基/差不多,随便/选/吃/可以。	**学习提示** 1. 注意麦当劳和肯德基在本句中用两个不同的空间定点来表示。 2. "随便"的手势是右手横立,掌心向内,五指在胸口交替微动。
14. 出门旅行一趟不容易,买点特产带回去送给父母吧。 门/出/旅游/不/容易,买/特-产/送/父-母。	**学习提示** 注意动词"送"的方向性。
15. 广州的小吃挺有名,我们去尝试一下吧? 广州/小-吃/有名,我们俩/去/试/吃/可以?	**学习提示** 1. 注意"有名"的手势需要配合面部表情。 2. "试"的手势是右手Y手形拇指抵于鼻侧,小指轻勾。
16. 爸爸去了美国一个星期,他说那边吃不到米饭和面条。 爸爸/去/美国/一星期,他/告诉(对方→自身)/指(那边)/美国/吃饭/米饭/面条/都/没有。	**学习提示** 1. "美国"的手势为美国聋人惯用的打法。 2. 注意动词"告诉"有方向性。
17. 不去天安门,等于没到过北京。 天-安-门/你/去/没有,等于/你/到/北京/游览/没有。	**学习提示** 1. 本句中"等于"的手势是直接模拟数学中等于号的形状。 2. 手语中常将否定词后置,如本句中"没去过"打成"去/没有"。
18. 如果行李太多,随身携带不方便,你可以花点钱托运。 如果/行李/多-一件件/带/不行,你/掏钱/托运/可以。	**学习提示** 本句中以一件件行李摆放的动作来直接表达行李过多。

(续表)

19. 今天中午我回家时在公交车上看到有个孕妇，我给她让座了。 今天/中午/回-家/公交车/看（自身→第三方）/指（第三方）/女/怀孕，我/让-座。	学习提示 1. 注意动词"看"有方向性。 2. 手语习惯将中心语放在前面，修饰语放在后面，如"孕妇"打成"女-怀孕"。
20. 欢迎你到我的家乡来玩，我一定会为你做导游。 欢迎/你/来/我/家-乡/玩，我/会/带/逛。	学习提示 这里用"带/逛"来表示"导游"的意思。

第四节　会话学习

——【会话1　问　路】——

扫描二维码
观看微课视频

A：请问到中山公园怎么走? 　问/中-山-公-园/在/哪里?	本句中的"请"以客气的面部表情来暗示。
B：离这里很远呢，你不会是想要走去吧? 　此地/指（那里）/远，你/走路/要?	注意本句中"远"这个手势的起点和终点分别是现在所在的地方和要去的地方。手语表达方式比较直接，一般不用反问句式，而是直接发问。
A：我第一次来武汉，不太熟悉，如果走过去需要多久呢? 　我/来/武汉/第一次，指（周围环境）/不-熟，如果/走/时间/多少?	本句中的"第一次"手势是聋人手语中的习惯打法。
B：大概要走一个小时吧! 　走（此地→那里）/大概/一小时。	注意"走"的手势起点和终点与实际情境一致。
A：啊，这么远! 我还是坐车好了。 　(张大嘴巴惊讶状)远---! 算了/公交。	本句用张大嘴和惊讶的表情体态来辅助语气的表达。
B：如果坐车的话，可以坐608路，或者坐地铁也行。 　如果/公交/608，或者/地铁/可以。	本句中的"坐"可略去，直接用"公交"和"地铁"表示坐公交和坐地铁。
A：公共汽车站和地铁站哪个比较近些呢? 　公交/地铁/近/哪个?	本句先列出两个选择，再问哪个比较近，符合手语主题在先、说明在后的语序。
B：公共汽车站就在前面，你看，很近。地铁站要往前走到十字路口左拐。 　公交/指（前面）/近，看（自身→前面）/指（前面）。地铁/十字路口/直走/左拐。	在问路时，直接以手指来指示是非常实用的办法。
A：那我坐公共汽车好了。 　我/公交。	

(续表)

B：好的。608是无人售票车，需要准备2块零钱投币。上车坐五站路就到了。 　　OK，公交/员/买卖/没有，自己/准备/2块钱/投。公交/1/2/3/4/5/到。 A：谢谢，你们武汉人真热情！ 　　(躬身)谢谢，你/武汉/热情/好。 B：不用谢，这是我应该做的。 　　谢谢/不，我/应该/做。	注意2块钱的打法是2手形从下颌处往外掏出，由此类推可表达1块钱、3块钱、10块钱等。 本句结尾的"好"强化了称赞的语气。 注意"谢谢"和"不"的手势连接要紧密一些。

【会话2　做向导】

A：昨天我的一个朋友来北京了，我陪了他一整天。 　　我/昨天/朋友/1/来北京，我/陪(自身→对方)/一整天。 B：你们都去哪儿了？ 　　你们俩/去/哪里？ A：早上去天安门，然后去故宫，下午逛王府井大街，晚上吃北京烤鸭。 　　早上/去/天-安-门，其次/去/故-宫/完了，下午/王府井/逛街，晚上/吃/北京/烤-鸭。 B：很不错啊。你的朋友很喜欢北京吧？ 　　不错。北京/你/朋友/喜欢？ A：景点还不错，可是下午逛街时感觉不怎么好，人太多，还堵车。 　　观光/不错，但是/下午/街/逛/感-觉/不好，人/多——拥挤/堵车。 B：是呀，你们应该坐地铁，北京的地铁特便宜，才2块钱。 　　是，你/应该/坐/地铁，北京/地铁/2块钱/便宜。 A：其实我觉得更应该走去。边走边逛，还可以买点特产呢。 　　我/觉得/应该/走路/好，走/逛/还/买/特-产/可以。 B：我妈妈下个月也要来北京看我，我打算带她到处看看。你有什么建议？	注意动词"陪"有方向性。 "完了"的手势在这里起到了动词后缀的作用，表示动作的完成。"天安门""故宫""王府井"均为北京聋人惯用的打法。 本句中"烤"的手势为模拟将物体放在火上烧的动作。 注意"不错"的手势中，"不"和"错"两个动作连接得很紧密，这样才能构成一个合成词。 "逛街"的手势在这里打成"街逛"，因为首先有街，然后才能逛。"多"的手势延长表示程度的强调。 手语习惯的表达顺序是先说出地铁的票价为2块，然后再评论说真便宜，符合聋人的认知特点。 "应该"的手势是食指与中指伸直分开，放于下颌之下交替抖动。

(续表)

下/月/我/妈妈/来/北京/看(对方→自身),计划/带/逛/看++,你/建议(对方→自身)/有？ A：给你一张北京地图,上面有很多旅游的路线介绍。 　　北京/地-图/1/给(自身→对方),指(地图上)/有/北京/旅游/路-线/多/有。 B：谢谢你,我回去好好看看。 　　谢谢,我/回-家/看---。 A：记得带妈妈去吃北京烤鸭哦！ 　　带/你/妈妈/去/吃/北京/烤-鸭/记得！ B：哈哈,一定。 　　(笑)一定。	注意动词"看"和"建议"有方向性。 注意动词"给"有方向性。 本句中的"看"用到了类标记,左手U手形代表地图,右手V手形代表目光。

第五节　聋人文化专题——手语艺术

　　语言是文化的载体和核心,因此,手语当然也是聋人文化的载体和核心。它不仅是聋人最钟爱的语言交流手段,也是一种美妙的艺术。手语歌、手语诗、手形故事、手语戏剧、手语游戏等,都是这种艺术的表现形式,也是聋人文化的宝贵成果。

　　在这里,我们介绍两种手语艺术的典型的代表："手语歌"与"手形故事"。

　　这里所说的手语歌又可分为两种类型,一种是听人通常所说的手语歌,也就是有声语言歌曲的手语翻译版本,另一种则是完全由聋人自创的手语歌。两者的最大区别是：前者是听人跟着歌曲的音乐节奏边唱边打手势(如果由聋人登台表演,则需要听人在台下指挥节奏),而后者作为聋人自创的手语歌,则是没有音乐的(有时为了吸引听人观看,在后期制作时也会配上适当的音乐),完全以手语本身为主导。但两者都有一个共同点——作为艺术表演,它们源于生活而又高于生活,跳出了聋人日常交际的手势,将手语中的动作、眼神、表情、身段加以夸张和艺术化,以增强视觉表达效果和舞台表现力。中国聋人中不乏具有表演才能者,优秀的手语歌作品也不鲜见。老一辈如上海李名扬的《我的中国心》,年轻一代如浙江卢苇的《聋人起来》都是其中的佳作。

　　手形故事则是专属于聋人的"小把戏",在美国也称123故事、ABC故事等。不懂手语的听人完全没法理解其中的奥妙。以123故事为例,实际上就是用数字手形来连成有情节的手语故事。1、2、3、4、5、6、7、8、9、10,既是十个数字,也是十个手形,每个手形可以加以延伸,构成新的词语,由此来串联起一个有情节的小故事。比如下面这个由江苏聋人教师丁峰楠创作的小作品中,每句话中都用到且只用到了一个数字手形,从1到10,非常有趣。

从前有个孕妇(1)
摇摇摆摆地走在路上(2)
汗珠大颗大颗往下掉啊(3)
掏出手帕擦呀擦(4)
哎哟,肚子痛痛痛!(5)
一个小宝宝呱呱落地啦(6)
仔细看一看,检查检查(7)
胖乎乎的,真可爱哇(8)
瞧,他两道眉毛弯弯(9)
瞧,他还在吃奶呐!(10)

第八章 心理情感

第一节　手语语言学专题——类标记

初学手语的人最容易犯的错误就是忽视具体语境，把一个汉语词同一个手语词简单地对应起来，比如误认为"拿"只有一种规定的打法。事实上，根据后面所接宾语的不同，"拿"的打法可以发生许多变化：拿杯子、拿毛巾、拿棍子、拿球、拿硬币……每种"拿"的打法都不一样。因此，《国家通用手语词典》中多处提到，"可根据实际表示……的动作"。这些灵活变化在聋人看来是非常简单的，因为他们打手语并不是从汉语构词造句本身出发去思考，而是直接根据视觉性理据去模拟客观事物的情态，但手语零基础的听人学起来就会觉得非常头疼。

为什么会出现这种现象呢？这是因为手语中存在一种叫"类标记"的语法现象。在普通语言学中，类标记的英文是 classifier，也叫"分类词"，汉语的量词就是一种类标记，比如"棵"是名词"树"的类标记，"匹"是名词"马"的类标记等。而在手语中，类标记手形指的是能够用来代表某一类（或某几类）事物的手形，而类标记结构是一种带有复杂谓语形态的结构，是由类标记与位置、方向、运动及表情、体态等成分结合构成的。

从语言学上看，类标记大致可以分为四类：

（1）语义类标记。如"飞"的打法，必须根据飞的主体来进行模拟，"鸟飞""飞机飞"和"蝴蝶飞"就各有各的打法。

飞(鸟飞)　　　　　飞(飞机飞)　　　　　飞(蝴蝶飞)

(2) 形状类标记。如 I 手形可以表示细长的杆状物体,如"甘肃(理据是甘蔗)""打鼓"中都用到了这个手形。又如 Y 手形看起来像一个人的身体,所以经常作为"人"的类标记而出现。"来""去""死"等许多手语词都是在这个 Y 手形的基础上衍生出来的。

甘肃　　　　打鼓　　　　来　　　　去

死

(3) 操持类标记。这是指手接触特定物体或工具时的形状,如拿取圆柱形的物体和抓取小颗粒的物体时,就要使用不同的类标记手形。

拿杯子　　　　　　　捡起一粒米

（4）身体类标记。打手势者用自身的身体或身体的某部位作为语言形式来表达意义，如"打头"，即使被打的对象不是自己，也可以直接用拳头击打自己的头来表示这个含义。

打头（他的头被打了一拳）

可以说，手语的精髓就在于千变万化的类标记。在学习手语时要做到"词不离句"，看到汉语词时不要机械地去转换和比画，要仔细想一想在不同的情况下，手势表达可能会有哪些差别，这样就会逐渐习惯使用各种不同的类标记手形和类标记结构。

第二节　词语学习

扫描二维码
观看微课视频

一、词语学习汇总

1.	感觉	2.	心理	3.	梦	4.	要求	5.	了解
6.	高兴	7.	悲伤	8.	喜欢	9.	讨厌	10.	生气
11.	爱	12.	恨	13.	关心	14.	不管	15.	失望
16.	希望	17.	勇敢	18.	害怕	19.	谦虚	20.	骄傲
21.	遗憾	22.	害羞	23.	崇拜	24.	惊奇	25.	寂寞/孤独
26.	激动	27.	紧张	28.	注意	29.	忧愁	30.	烦
31.	糊涂	32.	后悔	33.	相信	34.	怀疑	35.	尊敬

（续表）

36.	鄙视	37.	自私	38.	诚实	39.	上当	40.	骗
41.	正常	42.	危险	43.	善良	44.	幸福	45.	亲密
46.	幸运	47.	倒霉	48.	自由	49.	累	50.	着急

二、具体打法

1. 感觉

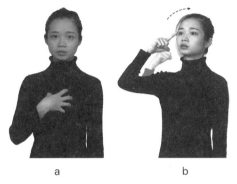

感觉

打法详解

a. 一手五指微曲，指尖朝内按于胸部。

b. 一手伸食指，指尖抵于太阳穴处，头微上抬，面露领悟的表情。

补充说明

感觉是用头脑和心去体会的，该手势很好地表现了这一点。

2. 心理

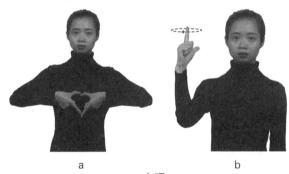

心理

打法详解

a. 双手拇指、食指搭成心形并放置于胸口。

b. 一手打字母"L"的指式，平行转动一下。

补充说明

该手势为汉语词"心理"的仿译。

3. 梦

梦

打法详解

一手伸拇指、小指，小指对准太阳穴，其余三指握拳，一面旋转一面上移。

补充说明

该手势除了表示睡觉时所做的梦，也可以表示抽象的梦想。

4. 要求

a　　　　　　b
要求

打法详解

a. 一手手掌平伸,指尖朝前,掌心向上,朝向自己移动一下。

b. 双手抱拳,前后微动两下。

补充说明

该手势为汉语词"要求"的仿译。

5. 了解

了解

打法详解

左手伸拇指、小指,小指指尖向下,掌心朝向自己;右手五指张开,掌心朝向自己,放在左手旁。右手向下移动的同时转为 A 手形。

补充说明

该手势的理据是对一个人从头到脚都很熟悉。

6. 高兴

高兴

打法详解

双手手掌横伸,掌心向上,指腹相对,在胸前往上扇动几下,面露笑容。

补充说明

该手势的理据是心情雀跃欢腾。注意面部表情的配合。

7. 悲伤

悲伤

打法详解

一手虚握拳头,掌心贴于胸部缓慢转动两圈,面露愁容。

补充说明

手语中许多心理情感类概念的打法位于胸口心脏部位,"悲伤"的手势即是这样。注意面部表情的配合。

8. 喜欢

喜欢

打法详解

一手拇指、食指弯成半圆,虎口朝上,在下颌处点两下,面露喜悦状,头同时微点两下。

补充说明

有人认为该手势是以笑口大开来表示喜欢。注意面部表情的配合。

9. 讨厌

讨厌

打法详解

一手拇指、食指捏一下鼻翼,再用力向外一甩,五指张开,掌心向下,面露厌恶的表情。

补充说明

该手势的理据是模拟甩鼻涕的动作。注意面部表情的配合。

10. 生气

生气

打法详解

一手五指撮合,掌心朝上,向胸部移动,触碰到胸口的同时向外用力张开五指,面露生气的神情。

补充说明

该手势很像某个东西撞击到胸口然后燃烧起火的样子,即用火焰来比喻愤怒。注意面部表情的配合。

11. 爱

爱

打法详解

左手伸出拇指,其余四指握拳;右手手掌伸出,掌心朝下,轻轻抚摸左手拇指指背。

补充说明

该手势以抚摸头部的动作来代指爱。注意面部表情的配合。

12. 恨

恨

打法详解

一手伸出拇指、小指,其余三指握拳,掌心朝下,拇指指尖抵于胸前,向下一顿,面露痛恨的表情。

补充说明

注意面部表情的配合。

13. 关心

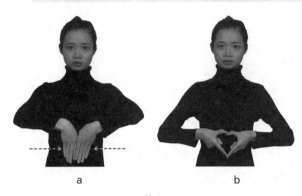

关心

打法详解

a. 双手垂立,指尖向下,手背向外,五指并拢,从两侧向中间移动并互碰。

b. 双手拇指、食指搭成心形,放于胸口。

补充说明

该手势是汉语词的仿译。

14. 不管

不管

打法详解

右手五指并拢,放在左肩部,向下一划。

补充说明

该手势的理据为和自己无关而从自己身上撇去。注意该手势需要配合扭头不管的表情体态。

15. 失望

失望

打法详解

一手五指张开,掌心朝上放置于胸前,然后向下移动并同时撮合五指。

补充说明

该手势和"高兴"的手势相反,表现泄气低落的状态。注意配合面部表情。

16. 希望

希望

打法详解

一手打字母"X"的指式,指尖从太阳穴处往侧上方移动。

补充说明

该手势中既包含了"希"字的声母X的指拼打法,从太阳穴处往外挥的动作也有"往远处想"的意思。注意配合面部表情。

17. 勇敢

勇敢

打法详解

双手拇指、食指伸直分开,其余三指握拳,虎口相对,放于腹部正中,然后向两侧拉开。

补充说明

该动作借用"心很大"来表示勇气十足,无所畏惧。注意配合面部表情。

18. 害怕

害怕

打法详解

一手五指微曲,掌心向内,手背朝外,按几下胸部,面露害怕的表情。

补充说明

该手势借用心跳如鼓来表示害怕,也可以直接以手掌轻拍胸口,注意面部表情的配合。

19. 谦虚

谦虚

打法详解

一手伸小指,指尖朝上,点几下胸口,其余四指握拳,上身微微前倾,面露谦虚的神色。

补充说明

以小指抵住自己胸口,意即自己很差,为谦虚的话语。注意配合上身前倾和低头的体态。

20. 骄傲

骄傲

打法详解

一手伸出拇指,其余四指握拳,指尖抵住鼻子,然后往上一抬。

补充说明

以大拇指顶住鼻子,即"我很厉害",为骄傲之态。注意面部表情的配合和仰头挺胸的体态。

21. 遗憾

遗憾

打法详解

a. 左手横伸,掌心向上;右手握拳,手背在左手掌心上轻捶两下,面露遗憾的表情。

b. 双手平伸,掌心向上,向下颠动两下,面露遗憾的表情。

补充说明

该手势非常形象,听人也能理解。

22. 害羞

害羞

打法详解

一手五指撮合,贴于脸颊,边缓慢上移边张开,模拟脸红状态,头同时微低,面露害羞的表情。

补充说明

注意配合低头的动作。

23. 崇拜

崇拜

打法详解

双手掌心贴合,指尖朝向所崇拜的对象,然后上举,指尖朝上。

补充说明

该手势非常形象,听人也能理解。

24. 惊奇

惊奇

打法详解

双手拇指、食指相捏,放于眼睛下方,然后突然张开,眼同时睁大,面露吃惊的表情。

补充说明

该手势以眼睛睁大、眼珠弹出的动作来表示惊奇。注意面部表情的配合。

25. 寂寞/孤独

寂寞/孤独

打法详解

一手拇指、食指、小指直立,掌心向内,在面前左右晃动几次,同时头部微低,面露失望神色。

补充说明

注意面部表情的配合。

26. 激动

激动

打法详解

双手拇指、食指搭成心形,放于胸前,快速上下抖动几下。

补充说明

该手势以心急促跳动来表示激动。注意面部表情的配合。

27. 紧张

紧张

打法详解

双手五指撮合,一手在上,一手在下,指腹相对,上下互击。

补充说明

该手势看起来很像紧张时牙关打颤的样子。

28. 注意

注意

打法详解

左手横伸,掌心向下,五指微曲;右手五指弯曲,掌心向上,向下轻敲几下左手手背。

补充说明

注意面露严肃的表情。

29. 忧愁

a   b

忧愁

打法详解

a. 双手拇指、食指搭成心形,食指指尖朝下,置于胸部,然后上下交替移动。

b. 一手拇指、食指捏一下眉心,面露愁苦的神色。

补充说明

该手势以皱眉的动作来代表忧愁。注意面部表情的配合。

30. 烦

烦

打法详解

一手手指指尖撮合,放在前额中央,掌心朝向自己,然后快速向外移动并张开五指。

补充说明

该手势有脑中装满事情导致烦躁之意。注意面部表情的配合。

31. 糊涂

糊涂

打法详解

一手五指张开微曲,掌心朝向自己,在脸部左右晃动,面露迷惑不解的神色。

补充说明

该手势侧重于表示迷惑、糊涂、不知道等意义。注意面部表情的配合。

32. 后悔

后悔

打法详解

右手伸出小指,其余四指握拳,小指指尖点几下太阳穴处。

补充说明

该手势的含义为"我想错了"。

33. 相信

相信

打法详解

左手拇指内收,其余四指并拢伸直,与拇指靠拢,右手手掌插入其间缝隙。

补充说明

该手势是"信件"的手势,模拟将信装入信封的动作,也引申指"相信"。

34. 怀疑

怀疑

打法详解

一手伸拇指、小指,其余三指握拳,掌心朝内,贴于胸部,拇指和小指交替微曲几下。

补充说明

该手势的理据为在心里默默评估"好不好"。注意面部表情的配合。

35. 尊敬

a　　　　　b

尊敬

打法详解

a. 右手伸出拇指,其余四指握拳,左手手掌平摊,掌心朝上,将右手往上抬起。
b. 一手五指并拢,掌心向下,贴于前额一侧,如敬礼状。

补充说明

该手势中的 A 手形是"人"的类标记,手掌将其往上抬,表明抬高对方,尊重其身份。注意面部表情和体态的配合。

36. 鄙视

鄙视

打法详解

一手伸小指,指一下眼部,再边向前移动边用拇指指尖弹一下小指,面露不屑状。

补充说明

该手势的含义为对方在自己眼中很差劲。注意面部表情的配合。

37. 自私

自私

打法详解

双手拇指、中指相捏,虎口朝内,先碰一下同侧胸部,然后边向外移动边张开。

补充说明

该手势与"自然"打法有相似之处。

38. 诚实

a　　　　　b
诚实

打法详解

a. 右手直立,指尖向上,掌心向左,从外向内碰一下嘴部。

b. 双手拇指、食指捏成十字形,一上一下同时向前一顿。

补充说明

"十"字形是射击时靶心的图案,在手语中引申为精确瞄准、不变、照搬之意。该手势即"将自己心里的话原封不动地说出来",为诚实之意。

39. 上当

上当

打法详解

一手食指弯曲成钩状,其余四指握拳,放在嘴前,然后往上方一提。

补充说明

该手势是以鱼儿上钩的动作来表示人上当。

40. 骗

骗

打法详解
右手五指撮合,指尖向前,手腕转动两圈,面露阴险的表情。

补充说明
狐狸被认为是一种狡猾善变的动物,该手势即借用滑头滑脑的狐狸来表示欺骗。

41. 正常

a   b

正常

打法详解
a. 双手手掌直立,指尖朝上,掌心相对,往下一顿。
b. 一手食指、中指伸直,其余三指握拳,在太阳穴处碰一下。

补充说明
该手势第一个动作意为"端正",第二个动作意为"常常"。

42. 危险

危险

打法详解
左手食指横伸,其余四指握拳,右手伸拇指、小指,其余三指握拳,小指指尖抵于左手食指上并左右摇晃几下。

补充说明
该手势借用人站在独木桥上摇摆不定的样子来表达危险的概念。

43. 善良

善良

打法详解

右手拇指伸直,其余四指并拢前屈,指尖贴于胸口并往下滑动,然后向前移动,伸出拇指,其余四指握拳。

补充说明

该手势实际即"心-好"。起始手形结合了"善"的拼音首字母 S 的指拼打法。

44. 幸福

幸福

打法详解

一手打字母"X"的指式,在胸前转一大圈,面露幸福的表情。

补充说明

"幸福"是一个与心理情感相关的概念,因此该手势打在胸前,且结合了"幸"的声母 X 的指拼打法。

45. 亲密

亲密

打法详解

右手握拳,手背贴近鼻子,然后向前移动并伸出大拇指。

补充说明

该手势连续打出表示"亲吻"与"好"的手势,即关系好。

46. 幸运

幸运

打法详解

右手手掌拍一下前额,然后向前移动并伸出拇指,其余四指握拳。

补充说明

该手势实际上即"运气好"。注意面部表情的配合。

47. 倒霉

倒霉

打法详解

右手手掌拍一下前额,然后向前移动并伸出小指,其余四指握拳。

补充说明

该手势实际上即"运气差"。注意面部表情的配合。

48. 自由

自由

打法详解

双手食指直立,指尖向上,其余四指握拳;双手食指在胸前随意挥动几下,面露轻松的表情。

补充说明

这个手势,也可以表示"随便、随意"。

49. 累

累

打法详解

一手握拳,在对侧上臂轻捶几下。

补充说明

该手势是以疲劳时捶打手臂的动作来表示累。

50. 着急

着急

打法详解

双手五指微曲,指尖抵于胸前,上下交替移动几下,面露焦急的神色。

补充说明

俗话说着急如"猫爪挠心",该手势的理据即在此。注意面部表情的配合。

第三节　句子学习

1. 心理障碍会影响我们的生活,需要治疗。 心-理/障碍/影响(第三方→自身)/我们/生-活,治疗,要。	**学习提示** 1. 注意动词"影响"有方向性。 2. "生活"的打法为双手拇指、食指成大圆形,虎口朝内,从右下方向头上方做弧形移动,重复一次,表示一天天过日子。
2. 才刚起床,你怎么脸色就这么差? 刚刚/起床,你/脸-色/差---,为什么?	**学习提示** 手语句子中的疑问词一般放在末尾,如本句中的"为什么"。
3. 谢谢你坦诚地把心里话告诉我,我会帮助你。 你/坦诚(对方→自身)/告诉/我/谢谢,我/会/帮助(自身→对方)。	**学习提示** 1. "十"字形是射击时靶心的图案,在手语中引申为精确瞄准、不变、照搬之意。此句中双手比十字由对方向自己运动,表示对方把事情原原本本地告诉自己,即"坦诚"。 2. 注意动词"帮助"有方向性。该手势本身已包含宾语,因此后面不需要再打出"你"。
4. 兔子骄傲自大,结果在赛跑中输给了乌龟。 兔子/骄傲/很,和/乌龟/比赛/跑步/输(摇头)。	**学习提示** 在"骄傲"的后面加"很"表示强调,注意手语的程度副词一般放在所修饰的中心语的后面。
5. 他现在正烦着呢,你别去打扰他,等明天再和他商量吧。 他/现在/烦,你/打扰/他/不,等/明天/你们俩/商量。	**学习提示** 1. "打扰"的第二个动作和"影响"相同。 2. "商量"的手势也有"研究"之意。
6. 在人多的场合上台发言紧张是正常的,放松,加油! 人/多/上台/发言/紧张/正-常,放松/加油!	**学习提示** 注意"上台"用一个手势表达即可,不需要打"上-台"。Y手形在这里是人的类标记。
7. 小男孩骗大人说狼来了,但大人们不相信他。 小-男-孩/骗/大-人/狼/来/狼/来,大-人/(扭头)不理/不信。	**学习提示** 1. "狼来了"重复两次,表示小男孩反复喊叫这句话。 2. 本句首先为小男孩喊话确定了一个空间方位,然后大人不理睬的手势动作方向与小男孩喊话的这个空间方位相呼应,非常形象。 3. "不信"是"相信"的特殊否定形式,以一个动作表示即可,不需要打"不-信"。
8. 这个机会你一定要好好把握,别等到失去了才后悔。 机-会/你/一定/好-好/把握,不要/等/失去/后悔。	**学习提示** 1. "把握"的手势为模拟在手心攥紧某件物体的动作。 2. "不要"的手势也有"不""勿"之意。

(续表)

9.	今天我和我最崇拜的足球明星见面合影了,好激动! 我/崇拜/足球/明星/我/今天/见面(自身←→第三方)/合-影,激动/高兴。	**学习提示** 注意动词"见面"有方向性。
10.	每当我碰到特别高兴或者特别悲伤的事情,都会找我的好朋友分享。 每-次/我/心/高兴/或者/心/悲伤,我/会/找/亲密/朋友/倾吐心声。	**学习提示** 1. 本句中的"次"直接用指拼C来表达。 2. "倾吐心声"的手势形象地展现了将心里话倒给对方的样子。
11.	这个班里只有她一个聋生,其他都是健听学生,她平时会感到寂寞吗? 指(这)/班/聋/她/1,全部/健听,她/感-觉/寂寞/有?	**学习提示** 本句中的聋生与听生分别用两个不同的空间点来表示,非常形象。
12.	您为聋人做了不少事情,付出了许多,真是值得尊敬! (表情恭敬)你/为/聋-人/做/多,奉献/多,值得/尊敬。	**学习提示** 1. 手语的表达习惯较为直接,如将汉语中的"不少"直接打成"多"。 2. "值得"的手势为食指和中指在左手上臂处横划一下,其理据为值日时所戴的袖章。
13.	别管那个孩子,让他自己开心地玩吧。 指(那)/孩子/不管,让/他/自己/玩/开心。	**学习提示** 本句句首指明了孩子所在方位,后面的"不管"和"让"两个手势方向与之相呼应。
14.	房间的地板是透明的,我走在上面觉得很害怕。 房间/地-板/透明,我/走/看(自身→下方)/怕。	**学习提示** 1. "透明"的手势第一个动作有方向性,代表地板是透明的;第二个动作表示"清楚"之意。 2. 注意动词"看"有方向性。
15.	老师应当发现学生的忧愁和烦恼情绪,并帮助他们解决。 学生/忧愁/烦恼,老师/应该/发现/帮助(自身→对方)/解决。	**学习提示** 注意动词"帮助"有方向性。
16.	我知道自己做错了,真觉得羞愧,请你原谅我好吗? 我/知道/自己/做/错,真/丢脸,你/原谅(对方→自身)/好不好?	**学习提示** 1. "丢脸"的手势为从脸上抓一把然后向下甩,形象地诠释了颜面扫地的含义。 2. "原谅"的手势借用了汉语同音字"圆",且有方向性。

(续表)

17. 我喜欢吃苹果,橘子也凑合,但是很讨厌吃香蕉。 苹果/吃/我/喜欢,橘子/(表情勉强)可以,香蕉/讨厌。	**学习提示** 1. 注意"喜欢""凑合""讨厌"的不同面部表情。 2. 本句的语序很好地体现了手语主题在前、陈述在后的特点。
18. 那边散步的一男一女看起来很亲密,他们俩一定是恋人。 指(那边)/男/女/两人散步/看/亲密,一定/谈恋爱。	**学习提示** 本句句首以食指直接指示的方法来点明话题对象。
19. 如果运气好,我们会成功,当然,也有可能失败。 如果/运气好,我们/成功,如果/运气不好,我们/失败/可能。	**学习提示** "当然"作为汉语中的关联词,在手语中很少直接打出,一般不会影响句意的表达。
20. 他乱插队,还骂人,我真瞧不起他! 排队/他/乱/插,还/骂-人,我/鄙视。	**学习提示** 注意"插"的手势很好地表现了插队的情态。如果要表达"插花""插秧"等,就要使用其他手势。

第四节 会话学习

扫描二维码
观看微课视频

———— 【会话1 回忆恩师】 ————

A:你还记得小学教过我们的杨老师吗? 你/以前/小-学/教(对方→自身)/我/杨-老师/现在/你/记得?	注意动词"教"有方向性。姓氏"杨"在这里借用同音字"羊"来表达。
B:当然记得,他教过我六年呢! 记得,他/教(对方→自身)/我/六年。	"当然"在这里用面部表情来表示。注意"六年"用一个手势即可表达,不需要分开打成"六/年"。
A:下星期五是杨老师60岁生日,你知道不?我们要不要一起去看看他? 下星期/星期五/杨-老师/岁数/60/生日,你知道?我们俩/去/看(自身→第三方)/他/好不好?	注意动词"看"有方向性。
B:啊,好的,我一定去。我可喜欢他了! (张嘴惊奇状)好,我/一定/会/去,我/喜欢/他!	
A:是呀,很多学生都很尊敬他。 是+++,学生/多/尊敬/他。	"是"的手势在聋人对话中用得非常多,起着应和对方的作用,一定程度上相当于听人沟通时的点头动作。

(续表)

B：记得我小时候因为个子矮，很自卑，杨老师经常和我单独谈心，给我讲很多名人的故事，还在班上表扬我，让我变得自信。 　　记得/我/以前/小孩/个子矮/自-卑，杨-老师/常常/一对一/谈-心，给(对方→自身)/讲/名-人/故事/多，班/表扬/我，我/慢慢---/自-信。	"自卑"的手势理据是"自己认为自己不好"。 "单独"的打法是"一对一"。
A：是的，他也帮了我很多。 　　是，他/一样/帮(对方→自身)/多。	注意动词"帮"有方向性。
B：你说我们准备什么礼物给他好呢？ 　　你/觉得/我们俩/送/礼物/什么？	"礼物"的手势第一个动作是模拟送出礼物。
A：生日蛋糕啊，鲜花啊，都可以。送什么不重要，重要的是我们的心意。 　　生日蛋糕/花束/送/都/可以，送/什么/都/重要/不，重要/我们俩/心意。	注意"花束"的打法是模拟鲜花被包装好之后的形状。
B：我们写张贺卡吧，告诉他，我们感谢他，一直记得他！ 　　我们俩/写/贺-卡/告诉(自身→第三方)/他，我们/谢谢/他，一直/记得/他！	"卡片"的手势可根据具体的卡片大小来调整。

──────── 【会话2　成长的烦恼】 ────────

A：好久不见！你都在忙什么呢？ 　　时间长/见面/没有，你/忙/什么？	
B：哎，还不是在家带孩子。我儿子可顽皮了。 　　(叹气摇头)我/在/家/照顾/孩子，指(第三方)/顽皮。	"顽皮"的手势第一个动作为模拟两个人玩的样子，第二个动作为"皮"，连起来表示顽皮、淘气。
A：他现在多大了？ 　　你/孩子/岁数/多少？	
B：5岁了。他最近吵着要买玩具小汽车，我烦着呢。 　　他/岁数/5，他/前几天/倔强/要/玩-具/汽车，我/烦—。	"倔强"的手势是模拟牛闹脾气时角往上顶的样子。"烦"的手势在这里幅度加大，力度加强，表示程度的夸张。
A：可以买呀，为什么不买呢？ 　　买/可以，为什么/买/不行？	"可以买"和"不买"的手势都将"买"放在前面，表现了主题在前，说明在后的手语语序。
B：问题是，他看上的是最贵的一款，要六百块钱呢！ 　　他/选/我/看(自身→第三方)/贵，钱/六百/多！	注意动词"看"有方向性。 原句中的"问题是"为汉语的表达法，在手语中没有必要照搬。

(续表)

A：哦,那是太贵了！你可以耐心给他讲道理啊。 （点头）贵/是＋＋,你/耐-心/一对一/讲/道理。 B：在家讲了很多,但一去商店,他就忍不住,又哭又闹,搞得我很生气。 指(这边)/在家/讲/多—,但是/去(这边→那边)/商店/忍/不行,他/甩手/大哭/要＋＋＋,我/生气。	"耐心"手势的第一个动作为手掌在胸前下压,表示按捺脾气,耐心以对。"道理"的手势还表示"理由""因素"之意。 "家"和"商店"在本句中用两个不同的空间点来表示。 手语表达孩子撒娇哭闹,可直接模仿动作。
A：你可以带他回家,让他一个人待着,慢慢就会安静下来。 你/可以/带/回家,让＋＋/1,慢慢/安静。 B：嗯,我也这么想。但我丈夫脾气很急,以前还动手打过孩子屁股呢。 我们俩/想/一样,但是/我/丈夫/脾气/急,以前/打屁股/有。	"脾气"的手势为借用汉语同音字,打成"皮-气"。 "打屁股"的手势利用Y手形作为人的类标记。
A：打骂孩子会让他害怕。下次别打他了。 打/骂/孩子/怕,以后/打/不。 B：是呀,我丈夫打完也后悔了。 （点头）是＋＋,丈夫/打屁股/完了/(转向一边)后悔。	"打"有许多种方法,相应的手语表达方法也不同。如"打耳光"和"打屁股"就不一样。 注意"后悔"的手势前加了一个身体朝向的变化,表示打完之后,背着孩子暗地里后悔。

第五节　聋人文化专题——聋教育史与"口手之争"

在16世纪之前,聋教育的历史几乎是一片空白。世界上最早的真正意义上的聋人教育是由西班牙的一位神职人员庞塞开创的,他教会了聋童说话,也改变了近两千年来人们认为聋人不可教育的错误观念。此后的几百年中,包耐特、海尼克、莱佩、贝尔等人都对聋教育事业的发展做出了不可磨灭的贡献。然而,随着研究的深入,口语派和手语派的争执也日趋激烈,双方都认为只有自己所主张的教学理念和教学方法才能真正帮助聋童,这就是所谓的"口手之争"。

1880年在米兰召开的世界聋教育大会似乎在表面上给明争暗斗了几百年的"口手之争"画上了一个休止符。这次会议明确赋予了口语教学法（当时叫"德国式方法"）的合法地位并强制推行,这对当时的世界聋教育产生了深刻影响,手语教学法被排斥,聋人教师求职被学校拒绝,学生们也被禁止使用手语。可是,喜欢打手语是聋人的天性,即使老师不让他们在课堂上打手语,命令他们把手背起来,但他们的手还是会在身后偷偷地打手语!

很快,另一个转折点到来了。2010年,温哥华世界聋教育大会正式推翻了米兰会议的决策,这次大会还为米兰会议多年来给聋人群体带来的损害表示了深深的歉意。大会提出"聋人是语言和文化的少数群体",承认了手语的合法地位,肯定了多元化的聋教育理念,呼吁世界各国采取行动践行会议决议。

目前,世界上知名度最高的聋人大学当属美国的加劳德特大学,它是各国聋人学子心目中的最高殿堂。中国的祖振刚、李颖、杨军辉、周婷婷、周佳艺、王一鸣等优秀聋人代表都是这所学校的毕业生。

加劳德特大学位于美国华盛顿特区,是世界上唯一一所专门为聋和重听者设置本科、硕士及博士课程的大学。一百多年来,加劳德特大学不仅是学术机构和聋人文化中心,更是引领世界聋教育潮流的宝地,堪称世界聋人心中的象牙塔。"除了听,聋人什么都能做"就是该校的首任聋人校长金·乔丹的名言。走进加劳德特校园,最令人震撼的不是处处可见的符合聋人视觉需求的环境设施,而是那里的手语氛围。在校园的每个角落,大家都使用美国手语交流,甚至连听人也概莫能外,初来乍到的人根本无法分清谁是聋人,谁是听人。

在国内,目前也有二十多所高等院校通过单考单招的方式培养聋人本科生和专科生,如长春大学、天津理工大学、北京联合大学、重庆师范大学、南京特殊教育师范学院、郑州工程技术学院等。不过,目前中国高等聋教育还存在可选专业过少、教师手语水平不理想、学生文化基础薄弱等问题,这些问题的解决有待特殊教育事业的继续发展。

第九章 医疗健康

第一节 手语语言学专题——手语的语法特点

手语和有声语言的载体截然不同,一个是视觉上的动作,一个是听觉上的声音。因此,中国手语的语法规则在很多方面有别于汉语,它们虽然时时发生接触和联系,但从本质上说,这是彼此独立的两个语言体系。我们在学习和使用手语时,不能用汉语的标准来对待手语,如果生搬硬套势必会闹笑话。

手语的语法特征非常独特,很值得深入探究,但手语语言学自兴起至今,不过半个多世纪,目前全世界研究者对手语语法的认识深度还很不够,仍处于不断探索之中。除了前面所讲到的动词方向性、类标记等,下面再列举一些手语的语法特点供读者参考。

（1）语序从认知上来说更具有和客观世界的象似性,一般和事件发生的真实顺序契合,或把最感兴趣的主题词放在最前面,后面再加以陈述和说明。

如:猫抓老鼠。——猫/老鼠/抓(方向性)

猫　　　　老鼠　　　　抓

猫/老鼠/抓(方向性)

这是因为作为动作主体的猫必须在看到老鼠、意识到老鼠的存在后,才能做出"抓"的决定。如果按汉语顺序打"猫/抓/老鼠",在完全通过视觉认知世界的聋人看来,就好像是猫先凭空做出了一个抓的动作,然后它的爪子底下才出现了老鼠,这显然是与现实相悖的。

又如:你喜欢苹果吗?——苹果/喜欢/你?

苹果　　喜欢　　你

苹果/喜欢/你?

这是典型的主题(topic)在前,说明(comment)在后的语序。先说所关注的东西——苹果,然后问是否喜欢,最后指向对方,并带有疑问的表情,表明是在询问。

(2) 表情、体态、口动等非手控特征是不可或缺的语法手段。

聋人打手语时,面部表情十分丰富,有时候甚至不需要抬手,一个表情就能传情达意,起到一个完整句子的作用。下面是一些面部表情示例。

高兴　　生气　　揶揄　　鄙视

好奇　　震惊　　厌恶

如:"您好"的打法是打"你/好"的同时面带尊敬的表情,同时上身前倾。如果不加上这种表情与体态,就与普通的"你好"无异。

你　　　好　　　　　　您　　　好

你好　　　　　　　　　您好

又如:我/重庆/人/是,武汉/不是。(我是重庆人,不是武汉人。)在打"是"和"不是"的同时加上点头、摇头的体态和肯定与否定的面部表情,可以强调或者否定话语本身。

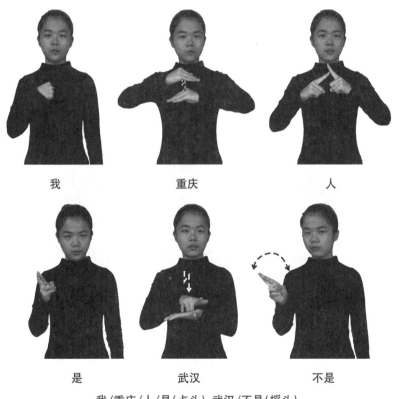

我　　　　　重庆　　　　　人

是　　　　　武汉　　　　　不是

我/重庆/人/是(点头),武汉/不是(摇头)。

(3)用食指直接指点是手语中最基本的指示方法,在许多情况下起到代词的作用,可以用来指示人体器官或服饰、用作人称代词、指示任何在场可见的人或事物、指代某种抽象的意义、与具体的手势结合等。指示人体器官:如"牙齿"。用作人称代词:他。指代某种抽象的意义：上、下。与具体的手势相结合：屋顶。

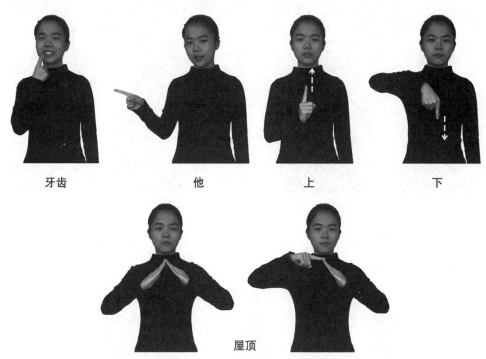

（4）中国手语表达时态的方式一般不通过动词的曲折变化，而是直接加上时间词来说明。我们来看一个例子：

明天/我/休息。（我明天休息。）

明天/我/休息。

此外，一些动词本身的曲折变化也可以说明动作处于什么样的状态，如起始时态、正在进行时态、完成时态等，这个语法范畴被称为"体"。如"刷牙"一词，手放在嘴前不动，表示正准备开始刷牙，这是起始体；重复刷牙的动作，这是正在进行体；刷一下牙然后甩甩手再放下，这是完成体。完成体中的甩手动作也可以看作是一个常用的动词后缀，表示"……完了"。如下面这个句子就用到了"完了"。

你/吃饭/完了?（你吃完饭了吗?）

（5）手语的否定方式具有独特性。很多情况下,否定词后置,先说出要否定的内容,再用否定词"不""没有""不愿"等把它否定掉。手语中还有一些特殊的否定形式,也可以看作是不规则的变化,如:行(可以)——不行;够——不够;知道——不知道。

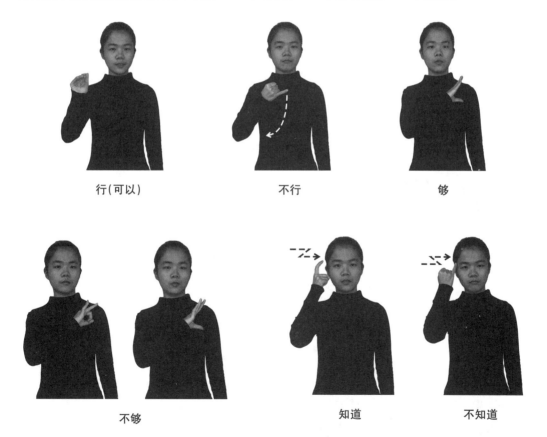

第二节 词语学习

扫描二维码
观看微课视频

一、词语学习汇总

1.	身体	2.	预防	3.	舒服	4.	死	5.	活
6.	脸	7.	呼吸	8.	头发	9.	牙齿	10.	手
11.	胸	12.	乳房	13.	肚子	14.	肺	15.	胃
16.	肝	17.	肠	18.	心	19.	肉	20.	骨
21.	血	22.	月经	23.	消化	24.	病	25.	痛
26.	咳嗽	27.	感冒	28.	痰	29.	发炎	30.	发烧
31.	晕	32.	拉肚子	33.	呕吐	34.	急救	35.	癌症
36.	医院	37.	护士	38.	挂号	39.	外科	40.	担架
41.	体温计	42.	X光	43.	打针	44.	输液	45.	吃药
46.	手术	47.	运动	48.	锻炼	49.	按摩	50.	营养

二、具体打法

1. 身体

身体

打法详解

双手横立,掌心向内,置于胸前,然后同时向下移动。

补充说明

该手势非常形象,听人也能理解。

2. 预防

a   b

预防

打法详解

a. 双手直立,手背相贴,左手在前不动,右手向后移动。

b. 双手直立,掌心向外一推。

补充说明

该手势的第一个动作意为"提前",第二个动作意为"防止"。

3. 舒服

舒服

打法详解

一手五指张开,掌心贴胸部转动一圈,面露惬意的神色。

补充说明

注意面部表情的配合。

4. 死

死

打法详解

右手伸拇指、小指,拇指指尖朝上,其余三指弯曲握拳,然后手腕向右翻转使拇指朝右。

补充说明

该手势以人倒地来指代死亡。

5. 活

活

打法详解

一手食指直立,指尖朝上,其余四指握拳,一面转动,一面向上移动。

补充说明

该手势也可以表示灵活、活泼等意。

6. 脸

脸

打法详解

一手伸食指,围绕面部转一圈。

补充说明

该手势非常形象,听人也能理解。

7. 呼吸

呼吸

打法详解

一手伸食指、中指,稍微分开,指尖朝上,向鼻部上下移动两下,头同时稍向后仰。

补充说明

该手势为模拟吸进空气的动作。

8. 头发

头发

打法详解

一手拇指、食指捏一下头发。

补充说明

该手势非常形象,听人也能理解。

9. 牙齿

牙齿

打法详解

嘴张开,一手食指指一下门牙。

补充说明

该手势非常形象,听人也能理解。

10. 手

手

打法详解

左手横伸,掌心向下;右手拍一下左手背。

补充说明

该手势非常形象,听人也能理解。

11. 胸

胸

打法详解

一手伸出食指,在胸部划一圈。

补充说明

该手势非常形象,听人也能理解。

12. 乳房

乳房

打法详解

双手五指微曲,罩在乳房部位。

补充说明

该手势非常直观,但因其过于直接,要注意使用场合。

13. 肚子

肚子

打法详解

一手手掌贴于腹部。

补充说明

该手势非常形象,听人也能理解。

14. 肺

肺

打法详解

双手指尖朝下,掌心贴于胸部两侧。

补充说明

该手势的理据为模拟肺叶的形状。

15. 胃

胃

> 打法详解

双手拇指、食指捏合成小圆圈,其余三指伸直分开,在胃部交叉搭成"田"字形。

> 补充说明

该手势借用胃字上半部分的"田"来代表该器官。

16. 肝

肝

> 打法详解

左手食指、中指于肝脏部位(右下腹部)伸直分开,指尖向右,掌心朝向自己;右手食指直立,与左手搭成"干"字形。

> 补充说明

该手势借用肝字右半部分的"干"来指代该器官。

17. 肠

肠

> 打法详解

一手拇指、食指捏成小圆圈,贴于腹部转几圈。

> 补充说明

肠子的形状是管状的,纵截面为圆形,因此以小圆圈的手形表示,在腹部转圈,表示肠子形状弯曲。

18. 心

心

> 打法详解

双手伸拇指、食指搭成心形,贴于胸部。

> 补充说明

该手势非常形象,听人也能理解。注意有些聋人将此手势打在胸前正中,有些聋人则打在左胸心脏部位,还有些聋人甚至打在腹部。

19. 肉

肉

打法详解

右手拇指、食指捏一下左手小鱼际部位。

补充说明

该手势借用手掌小鱼际部位的肉来转指肉体。

20. 骨

骨

打法详解

左手握拳横伸,右手拇指与食指夹住在左手手腕,左手手腕转动两下。

补充说明

该手势借用手腕处的骨头来表示骨。

21. 血

血

打法详解

右手伸食指,在左臂处上下划动几下。

补充说明

该手势动作为模拟血流淌的样子。

22. 月经

月经

打法详解

双手拇指、食指张开,指腹相对,从中间向两侧下方一边作弧形移动一边捏合指尖,重复一次。

补充说明

该手势是一种委婉语。还有"大姨妈""月-病"等多种委婉表达方式。

23. 消化

消化

打法详解

双手横伸,掌心上下相贴,放置于胃部轻轻摩擦转动几下。

补充说明

该手势是以胃部研磨食物来表示消化。

24. 病

病

打法详解

左手伸出,掌心向上;右手五指并拢,按于左手手腕脉门处。

补充说明

该手势是以搭脉的动作表示生病。

25. 痛

痛

打法详解

一手拇指、食指相捏,置于嘴边,左右晃动几下,脸露痛苦表情。

补充说明

注意表情的配合。

26. 咳嗽

咳嗽

打法详解

一手食指放在咽喉处,其余四指握拳,咳嗽几声。

补充说明

该手势非常形象,听人也能理解。

27. 感冒

感冒

打法详解

一手拇指、食指捏住鼻部,向下甩动几次,如擤鼻涕状。

补充说明

该手势选取了感冒典型症状,即流鼻涕来表示该概念。

28. 痰

痰

打法详解

一手拇指、食指捏成小圆圈,从口边向外甩动一下。

补充说明

该手势为模拟痰从口中吐出的动作。

29. 发炎

发炎

打法详解

右手五指微曲,掌心朝上,向上移动几下。

补充说明

"炎"字为两个"火"组成,该手势即借用火烧来表示发炎。注意身体哪个部位发炎,这个手势就打在哪里。

30. 发烧

a   b

发烧

打法详解

a. 一手摸一下前额。

b. 五指微曲,掌心朝上,向上移动几下。

补充说明

发烧时体温很高,如烧灼样。该手势以"额头起火"来指代发烧。

31. 晕

晕

打法详解

一手食指伸直，指尖向上，其余四指握拳，在头上方旋转几圈，眼微闭，头微晃。

补充说明

该手势以天旋地转来表示眩晕。注意面部表情和身体姿态的配合。

32. 拉肚子

a　　　　　　b

拉肚子

打法详解

a. 一手掌心捂住肚子，脸露痛苦状。

b. 左手伸拇指，指尖向上，其余四指握拳；右手五指撮合，指尖朝下，边向下微移动边张开，重复几次。

补充说明

该手势的第一个动作为腹痛时捂住肚子的样子，第二个动作直观地呈现了腹泻时的状态。

33. 呕吐

呕吐

打法详解

右手五指张开微曲，掌心向上，从胃部上移至嘴部然后向前一甩，身体微前倾，鼓腮如呕吐状。

补充说明

该手势非常形象，听人也能理解。

34. 急救

急救

打法详解

a. 双手五指微曲,指尖抵于胸前,上下交替移动几下,面露焦急的神色。

b. 左手伸拇指、小指;右手拇指、食指捏住左手拇指指尖并朝上拉动。

补充说明

该手势为汉语词"急救"的仿译。

35. 癌症

癌症

打法详解

左手伸拇指、食指、小指,指尖向上,其余两指握拳,掌心朝向自己;右手拇指、食指捏合成小圆圈,在左手拇指、食指、小指的指尖各点一下。

补充说明

该手势为模拟汉字"癌"的部分字形,即山字上面三个口。

36. 医院

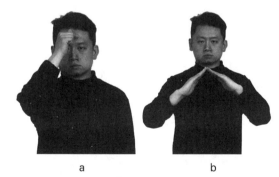

医院

打法详解

a. 一手拇指、食指搭成十字形,放在前额正中。

b. 双手五指并拢,手掌伸直,指尖互搭成"八"形。

补充说明

该手势第一个动作为模拟代表医疗行业的红十字标志,第二个动作为"房子",是一个常用词根。

37. 护士

护士

打法详解

一手拇指、食指搭成十字形并放置于对侧上臂。

补充说明

旧时护士在手臂上佩戴红十字标志,该手势即以此作为理据。因为护士从业者多为女性,有时候也在该手势后面加上"女"。

38. 挂号

挂号

打法详解

a. 左手食指、拇指张开,虎口朝内;右手食指弯曲成钩状,勾在左手拇指上。
b. 一手除拇指外的四指并拢,与拇指形成直角,放在嘴边,虎口对准嘴部。

补充说明

该手势为汉语词"挂号"的仿译。

39. 外科

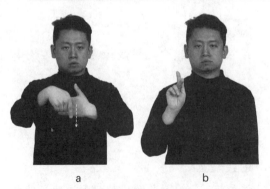

外科

打法详解

a. 左手手掌横立,指尖向右,掌心向内;右手食指指尖朝下,其余四指握拳,在左手外侧向下移动。
b. 一手打字母"K"的指式。

补充说明

该手势为汉语词"外科"的仿译。

40. 担架

担架

打法详解

双手拳头虚握,放于两腰侧,然后往上一抬。

补充说明

该手势为模拟抬担架的动作。

41. 体温计

a　　　　b

体温计

打法详解

a. 右手食指伸直,其余四指握拳,夹于对侧腋下。

b. 右手食指横伸,眼睛看着手。

补充说明

该手势非常形象,听人也能理解。

42. X光

X光

打法详解

双手食指搭成"X"形,于胸前转一大圈。

补充说明

该手势借用拍 X 光胸片时机器的运动方式来表示该概念。

43. 打针

打针

打法详解

右手拇指伸直,中指指尖抵于左上臂,然后拇指下压,如注射动作。

补充说明

该手势十分形象,听人也能看懂。

44. 输液

输液

打法详解

左手平伸掌心向下；右手伸食指，指尖朝下，对准左手手背向下点动几下。

补充说明

该手势为模拟吊瓶中的药水往下滴的样子。

45. 吃药

吃药

打法详解

一手拇指、食指捏成小圆圈，其余三指自然微曲，从嘴部移向喉部。

补充说明

该手势通过模拟吞服药丸的动作表示吃药。

46. 手术

手术

打法详解

左手伸拇指、小指，拇指指尖朝左，其余三指弯曲握拳，掌心向内；右手食指、中指伸直并拢，指尖在左手上方划动两下。

补充说明

Y手形在此处是人的类标记，该手势借用在人体上动刀子的动作来表示手术。

47. 运动

运动

打法详解

双手握拳屈肘，在胸前向后移动两下。

补充说明

该手势非常形象，听人也能理解。

48. 锻炼

锻炼(打法 1)

打法 详解

双手食指横伸,手背向外,甩动两下,表示将筋骨抻开。

补充说明

该手势比较形象。

锻炼(打法 2)

打法 详解

双手握拳屈肘,在胸前做扩胸运动。

补充说明

该手势也表示"体育"。

49. 按摩

按摩

打法详解

左手伸拇指、小指,手背向外;右手在左手上捏动几下,表示按摩身体。

补充说明

该手势中,Y 手形是"人"的类标记。

50. 营养

营养

打法详解

左手虚握拳头,虎口向上;右手拇指、食指、中指伸出,食指、中指伸直并拢,指尖对着左拳虎口处,往外拨动几下。

补充说明

该手势借用喂养的动作来表示"营养"。

第三节　句子学习

1.	前几天刮风下雨,气温下降,很多人感冒了。 昨天/前天/大前天/刮风/下雨/冷/降低,感冒/人/多。	**学习提示** 1. "前几天"在这里打成"昨天/前天/大前天"。 2. "感冒"的手势为"流鼻涕"。
2.	随地吐痰对健康有害,要改掉这个坏习惯。 随便/吐痰++/对/身体/伤害,坏/习惯/改/要。	**学习提示** 1. "伤害"的手势有方向性,在这里表达的是"伤害自己"。 2. "习惯"的手势为一手五指撮合,放于额头前上方,向下甩动的同时放开五指。
3.	饭后散步可以帮助消化,不是有句话说"饭后百步走,活到九十九",对吧? 吃饭/完了/散步/帮助/消化,著名/句子/引号:饭/后/100/步/走,活/到/99,是?	**学习提示** 1. "散步"的手势是模拟随意走动的样子。 2. 引号的打法是双手食指与中指伸出微曲,其余三指握拳,手腕微微转动,如画引号状。
4.	昨天半夜她女儿发烧了,她和丈夫送女儿去医院看急诊。 昨天/半-夜/她/女儿/发烧,她/丈夫/他俩/护送(自身→第三方)/医院/看/急/病。	**学习提示** "护送"的手势为保护病人入院就医状。
5.	我输过液了,现在感觉好多了,谢谢你的关心。 我/输液/完了,现在/感觉/好/多,谢谢(双手)/关心。	**学习提示** "关心"的手势为汉语词的仿译。
6.	不好意思,我肚子痛,想休息一下,现在不能陪你去吃饭了。 对不起,我/肚子/痛/想/休息,现在/陪(自身→对方)/吃饭/不行。	**学习提示** 注意动词"陪"有方向性。
7.	要注意锻炼身体,不要受凉。 注意/运动/锻炼,受-凉/不。	**学习提示** "受凉"的打法为仿译汉语词。
8.	他岳父动了心脏手术,他最近一直在医院陪护。 他/岳父/心/病/手术/完了,他/最近/一直/医/照顾(自身→第三方)。	**学习提示** 1. "岳父"的手势用"结婚"加上"爸爸",表示爱人的父亲。 2. "医院"在本句中省为"医",略去"院",不影响意义的表达。

(续表)

9. 你怎么吐了？是不是吃了什么不干净的东西？ 你/呕吐/为什么？你/吃/东西/不/干净/是？	**学习提示** 本句的语序为先打出所看到的现象即呕吐,然后再询问原因。	
10. 跑完1000米之后,他心跳得非常厉害,不停地喘气,最后晕倒了。 他/1000/米/跑步/一圈圈/完了,他/心跳---/喘气---,最后/晕/倒地。	**学习提示** 1. "米"在这里用指拼M来表示。 2. 本句中用了一个不停跑圈的手势,非常形象地表达了长跑的状态。 3. 注意在打"喘气"时,另一手保持"心跳"的手势不变,表示二者兼而有之。 4. 注意"倒地"的动作和"死"的手势有着运动方向上的区别。	
11. 每天早上我们俩一起去跑步,风雨无阻。 每天/早上/我们俩/去/跑步,刮风/下雨/不管/一直。	**学习提示** "风雨无阻"在这里的表达方法是"不管刮风还是下雨,一直坚持"。	
12. 我最近失眠,整晚翻来覆去睡不着,请问应该挂哪个科的号？ 我/晚上/睡觉/不行,晚上/翻来覆去/睡觉/不行,问/挂-号/选/什么？	**学习提示** 1. "睡不着"的表达方法是"睡觉/不行"。小指往下甩的动作有不行、不能、差劲之意。 2. "挂号"的手势为仿译汉语词。	
13. 我不喜欢去看牙医,无论是补牙还是拔牙我都很害怕。 去/看/牙-医/我/不喜欢,第一/牙/补/第二/牙/拔/都/害怕。	**学习提示** 本句将"看牙医"作为主题放在句首,将"我不喜欢"作为陈述放在后面。这一原则也体现在后面的"补牙"和"拔牙"上。	
14. 上火了就吃点梨,或者苦瓜也行。 如果/上-火,吃/梨子/苦瓜/一样/可以。	**学习提示** "上火"的手势为仿译汉语词。	
15. 这种药一天吃3次,每8小时一次,连续吃5天。 指(这)/药/一天/吃/3-次,8小时/1-次,连续/5天。	**学习提示** 1. "一天"的打法为右手食指在空中向左画一道弧线,模拟太阳东升西落的样子。 2. "次"在这里用指拼C来表示。	
16. 我有一位盲人朋友,他是个按摩师。 我/有/1/盲/朋友,他/按摩-师/是。	**学习提示** "盲人"的手势在这里简缩成"盲",省略"人"字,不影响意义的表达。	
17. 你拿体温计量一下体温,如果超过37.5度,就告诉我。 你/甩体温计/测体温/看读数,如果/超过/37.5,告诉/我/记得++。	**学习提示** 1. 本句形象地再现了甩体温计、测量体温、看读数的动作程序。 2. "37.5"中的小数点采用直接书空的方法表示。	

(续表)

18. 医生和护士要学点手语,如果遇到聋人来看病,可以派上用场。 医生/护士/学/手语/一点点/要,如果/遇到/聋/看-病,手语/交流/可以。	**学习提示** 1. "聋人"的手势在这里简缩成"聋",省略"人"字,不影响意义的表达。 2. "可以派上用场"是汉语中的抽象说法,在本句中具体化为"能用手语交流"。
19. 我奶奶今年93了,身体很健康,听力和视力都不错,走路和说话也很快。 我/奶奶/现在/年龄/93,身体/好,听/看/清楚,走路/说话/快。	**学习提示** "听力和视力都不错"在本句中表达成"听得清楚,看得也清楚"。
20. 打针会有点痛,请你忍一忍,很快就完了。 打针/痛/少,你/忍/快/完了。	**学习提示** 1. 打"痛"时注意配合面部表情。 2. 本句中"忍"的手势动作幅度小,表示痛苦不强烈,可以忍受。

第四节 会话学习

——————【会话1 看 病】——————

扫描二维码
观看微课视频

A: 你好,你哪里不舒服? 你/好,你/不-舒服/什么? B: 我肚子特别痛,痛了好几天了。 (挥手问候对方)肚子/痛---,几天/捂肚子。 A: 记得到底是几天吗? 几天/你/记得? B: 嗯,让我想下……我想起来了,是大前天开始的,有三四天了。 捂肚子/想/等/想,(招手示意)大前天/开始,三天/四天/左右/捂肚子。 A: 是一直痛吗? 还是有时候痛? 指(对方肚子)/一直/痛/还-是/有-时/痛? B: 吃过饭之后会好点,饿了就痛,半夜痛得特别厉害。 吃饭/完了/捂肚子/好/一点点,饿/痛,半-夜/捂肚子/痛---/厉害。	本句中最后一个手势意为"什么,谁,哪里",是一个非常常用的疑问词。 本句中的"痛"以表情的夸张和手势的延长或重复来表示程度的强化。 "几天"的手势由"一天"和"多少"两个手势融合而成。 "大前天"的手势是在"昨天"的基础上变化而来的,即"三天前"。而"三天"的手势则是3手形在太阳穴处碰一下并往右伸出。 注意打"痛"的手势时配合面部表情。 "一点点"在这里用"少"的手势来表示。"厉害"的手势为右手伸拇指与小指,其余三指握拳,拇指朝内,自右胸处向下移动。

(续表)

A：好的，请躺在那张床上，我给你检查一下。 　　来/指(那边)/床/你/过来/躺下,我/检查. B：好。 　　OK。	在本句中"床"是着重强调的主题语，应该放在句首。注意"躺下"的手势是一手比床，一手比人(Y手形是人的类标记)，人直接躺在床上。
A：检查完了。痛的部位是胃，还需要抽血并做个B超。 　　检查/完了,痛/是/指(胃部)/胃,还/要/抽血/B超/2。	"检查"的打法是双手拇指、食指与中指相捏，交替上下微动。"胃"的手势是借用字形上部的"田"来表示。最后的"2"表示有两项检查。
B：我的病情很严重吗？要住院吗？ 　　我/病/严-重？住院/要？	"住院"的打法是先打一个人躺在担架上的手势，再在额头打出十字。
A：目前看来不算严重，但是尽快治疗，不能拖延，平时饮食清淡，多休息，不要抽烟喝酒。 　　现在/严-重/不,但是/快/治疗/拖/不要,平-时/吃/淡/多/休息,抽烟/喝酒/不行。	"拖延"的打法为一手打NG手形，一手捏住其小指往下拖动。"淡"的打法为双手拇指与中指相捏，然后一边弹开，一边往下微动。
B：好的。谢谢您。 　　OK。谢谢(双手)。	

──────── 【会话2　爱惜自己的身体】 ────────

A：你今天看起来脸色不好，没精打采的，还有黑眼圈，昨天很晚才睡吧？ 　　今天/看(自身→对方)/脸-色/差/没精神,眼圈/黑,你/昨天/晚/睡/是？	注意动词"看"有方向性。"没精神"的手势是借用低头打瞌睡的动作来表示。"晚"的动作幅度加大，力度加强，表示非常晚。
B：是啊，昨天半夜1点才上床睡觉，结果又失眠，翻来覆去直到2点才睡着。 　　是,昨天/半-夜/1点/睡觉,(摇头)睡/差+++,翻来覆去+++/2点/睡着。	"翻来覆去"的手势为模拟一个人躺在床上左右翻身，睡不着觉的样子。
A：怎么这么晚才睡？你是不是在玩电脑游戏呀？ 　　(惊讶状)为什么？你/敲键盘/打游戏？	句首有一个头微微后缩并皱眉的表情与体态，传达了惊讶和疑惑的语气。"打游戏"的手势为双手比Y手形，腕部相靠，同时摇晃几下。
B：才不是呢，是班长临时交给我一个任务，必须得在昨晚完成。我做了四个小时才做完。 　　不是,班-长/给(第三方→自身)/任务,必须/昨天/晚上/做/完成,我/做/1小时/2小时/3小时/4小时/完了。	"不是"的手势为X手形左右摆动，如摇头状，该手势与"是"手形相同，运动方式不同。为了强调四小时之漫长，本句中从一依次数到四。
A：哦，真辛苦！ 　　(点头)累++!	语气词"哦"在这里用表情和体态来表达。

B：做了一半,我困极了,只好喝了杯咖啡,才坚持做下去。 　　我/做/半/困倦---,拿杯子/咖啡/喝,坚持做+++。	"困倦"的手势为五指张开,罩住眼睛,然后向外向下移动,同时慢慢合眼,如困极打盹状。
A：熬夜对身体不好,以后还是早点睡觉。 　　熬夜/身体/伤害(第三方→自身)/有,以后/提前/睡觉/要。	
B：嗯,我现在感觉好累啊,看来熬夜的确不好。 　　(点头)我/现在/感觉/累+++,熬夜/真/差+++。	
A：那肯定嘛!身体是革命的本钱,你要好好爱惜自己的身体,每天早上起来跑跑步,打打篮球,练个太极拳什么的。 　　是++!身体/革命/本-钱,好-好/爱-护/身体,每天/早上/起床/跑步/投篮/打太极拳。	"革命"的手势为一手握拳从另一手心冒出。
B：行啊,以后我们俩一起去吧! 　　可以,以后/我们俩/去。	
A：好的,我陪你一起运动! 　　OK,我/陪(自身→对方)/运动。	注意动词"陪"有方向性。

第五节　聋人文化专题——聋人就业难

　　残障人士就业,多年来一直是个"老大难"问题,聋人就业自然也不例外。虽然近年来,我国特殊教育事业有了长足发展,但聋人群体的整体文化水平仍不太高,经济状况也比较困难。因此,一份好的工作对他们来说有着比常人更为重要的意义。"自食其力"一直是聋校职业教育的目标,也是家长对孩子的殷切期望。

　　由于传统观念的影响,父母对残障孩子的期望普遍偏低,不少人只希望孩子读点书,找一份工作,能养活自己就可以了。当前,聋校高中毕业生在考大学时,可供选择的专业方向很少,基本以美术和计算机为主,造成学生毕业就业时意向趋同,竞争加剧。同时,一些用人单位对聋人存在刻板印象,总觉得聋人交流不便,因此在招聘员工时将聋人拒之门外。不少聋人为了谋得一份糊口的工作,多方奔走,屡败屡战。一些犯罪分子利用聋生好奇的心理特点,以"介绍好工作"为由,将他们骗出学校,从事不法活动。

　　尽管存在这样或那样的无奈,但还是有许多聋人自强自立,靠自己的双手劳动,或择业,或创业,闯出了自己的一片新天地。有的在聋校教书育人,教出一批又一批的聋人学生;有的在街边摆小摊、在网上开店,自己创业;有的做咖啡、送外卖,忙得风生水起;有的在残联从事残疾人方面的专门工作,为聋人群众服务;有的在全国各地巡回演出,奔波于一个又一个城市;有的潜心钻研技术,在工厂车间勤勤恳恳工作多年……近年来,在国家有关政策的激励下,无声骑手、无声直播间等新事物不断涌现,人工智能也在为聋人开拓着数据标注师、手语动捕模特这样的就业新途径。在我们身边,有千千万万默默无闻但遵纪守法、辛勤工作的聋人,相信他们的努力最终一定能改变世人对聋人的印象。

时代在不断进步,我们可以畅想,在不久的将来,聋人报考大学选择专业时,没有特别的限制,学校中无障碍支持完善,聋人可以在手语翻译员和笔记抄写员的支持下和普通学生一起完成学业。目前社会上聋人从事的工作岗位多种多样,其中不乏层次较高的职业,如聋人律师、聋人医生、聋人教授、聋人校长、聋人导演……这些成功的榜样也必定会给聋人学生信心,让他们相信自己同样也能做到。

就业对聋人而言其实并没有禁区。改变聋人就业难的处境,不仅需要聋人自身转变观念,摆正心态,积极尝试,也需要现代科技的发展和无障碍环境的支持,更需要全社会转换观念,共同助推残障事业。

第十章
无声世界

第一节　手语语言学专题——手语能表达抽象概念吗

聋人所理解的抽象概念与听人所理解的抽象概念有一些不同。对聋人来说,由于听不到,一切关于声音的概念都是无法直接感知的。因此,"声音""响亮""清脆""噪声""回声"等这些普通人觉得很直观的听觉概念,对他们来说却不是具体可感的,而是抽象的。

那么,手语有没有表达一切抽象概念的能力呢?有的手语学习者问聋人朋友"吃饭""跑步""月亮""桌子"这类概念该怎么打,很快就能得到满意的回答,但问起"逻辑""精神""贤惠""量子力学"这类词时,许多聋人朋友却面露难色,思考半天,最后说不知道。于是这些手语学习者就据此推断,手语只能表达具体可感的概念,无法表达抽象概念。其实这是一个误解。

既然我们承认手语是一种真正的语言,那么它就一定有能力表达任何概念,不管这些概念是具体的还是抽象的。至于聋人为什么不知道那些抽象概念该如何表达,是因为这些概念在他们的生活中一般很少接触到,并不是非讨论不可的,所以也没有创造这个词的必要。

语言的面貌与个体生存状况密切相关,就如同爱斯基摩人有许多词来描述冰雪,深山里的老农不知道何谓通货膨胀一样,当前,聋人群体的文化水平总体上还不够高,能够读到大学的只占很少一部分,他们在生活中很少接触和谈论科技术语、专业名词、抽象概念等。我们可以设想,未来随着特殊教育水平的逐渐提升,聋人的文化水平足够高,真正理解了这些抽象概念并且常常谈论它,那手语中一定会创造出表达这些概念的公认手势。

目前,随着《国家通用手语词典》的发布,不同学科和领域(如美术、计算机、物理、数学)的通用手语工具书也在陆续出版,很多抽象概念都有了规范的手势,只待在聋人群体中进一步普及。

有学者将我国手语表达抽象概念的方式总结为以下三种：

一是通过比喻和借代两种手段，创造出约定俗成的自源性手势来表达。比喻主要是利用了本体和喻体的相似性，而借代主要是利用相关性。如用一个人头朝下栽倒在地来形象地表示"失败"，就是比喻；而用眉头蹙起这一外在表情特征来表示"发愁"，就是借代。

失败　　　　　　　　　发愁

二是借用汉语成分来表达。借用汉语的手段可以是仿字、书空、指拼、谐音、仿译等，如用数字 9 的手形移向嘴边来表示"酒"，这是谐音，以"九"指"酒"。还可以移用汉语的词义，如一手比出人的外形，一手拍拍他的"屁股"，表示"拍马屁"。

酒　　　　　　　　　拍马屁

三是通过其他方式来间接表达，如用意思相近而又具体可感的概念来替换、列举出成员来表示集合概念、用一句话或一段话来诠释含义等。

以上三种手段可以同时运用，也可以并存于一个手势词中。

总之，手语具有表达一切抽象概念的潜力。我们难以在手语中找到对应词语的抽象概念时，不要怀疑手语本身是不是无法表达这些概念，而应该明白语言是处于不断地发展变化过程中的。手语作为一种语言，随着时间推移和聋人文化水平的提高，其词汇系统也会不断发展完善。此外，许多走南闯北、见多识广的聋人朋友自身手语水平也很高，特别善于创造形象的手势来表达这些抽象概念,把一件复杂的事情描述得通俗易懂。听人学手语时不妨多向他们请教。

第二节　词语学习

扫描二维码
观看微课视频

一、词语学习汇总

1.	残疾人	2.	特点	3.	特殊教育	4.	群体	5.	世界
6.	聋人	7.	健听人	8.	听	9.	说	10.	语言
11.	交流	12.	手语	13.	翻译	14.	看唇	15.	笔谈
16.	助听器	17.	电子耳蜗	18.	康复	19.	训练	20.	模仿
21.	安静	22.	默剧	23.	表情	24.	水平高	25.	文化
26.	残联	27.	聋协	28.	干部	29.	主席	30.	残疾证
31.	福利	32.	活动	33.	俱乐部	34.	中心	35.	就业
36.	机会	37.	平等	38.	障碍	39.	问题	40.	解决
41.	方便	42.	麻烦	43.	误会	44.	共同	45.	权利
46.	专家	47.	明星	48.	环境	49.	榜样	50.	出名

二、具体打法

1. 残疾人

a

b

残疾人

打法详解

a. 双手手掌交替在对侧手臂的上部划一下。

b. 双手伸出食指搭出"人"字形。

补充说明

该手势以肢体残疾人来代指所有的残疾人。打手势时,注意一手先划对侧手臂,另一手再划对侧手臂,不要同时划。

2. 特点

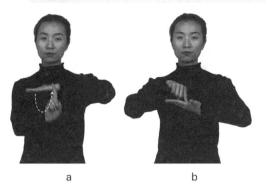

特点

打法详解

a. 左手手掌平摊,掌心向下;右手伸出食指,指尖朝上,从下往上由左手小指外侧伸出。

b. 左手手掌平摊,掌心向上;右手伸出食指,指尖抵于左手掌心。

补充说明

该手势实际上即"特-点"。

3. 特殊教育

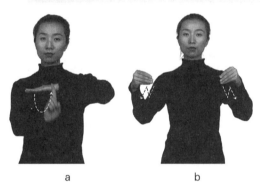

特殊教育

打法详解

a. 左手手掌平摊,掌心向下;右手伸出食指,指尖朝上,从下往上由左手小指外侧伸出。

b. 双手五指撮合,指尖相对,如执物状,向前微动几下。

补充说明

该手势实际上即"特殊-教育"。

4. 群体

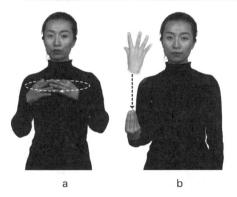

群体

打法详解

a. 双手拇指、食指捏成小圆圈,其余三指伸直并指尖相抵,虎口朝上,平转一圈。

b. 一手五指张开,掌心朝上,然后往下移动的同时撮合手指。

补充说明

该手势的第一个动作为"众"的仿字并平转一圈,表示人数众多,第二个手势为张开的五指向下移动并收拢撮合,意为"族群,同类"。

5. 世界

世界

> 打法详解

左手握拳,右手手掌侧立,五指并拢,顺着左手手背骨节往前碾动半周。

> 补充说明

该手势的理据为"走遍地球"。

6. 聋人

a　　　　　　b

聋人(打法1)

> 打法　详解

a. 一手小指伸直,指尖在耳部和嘴前各贴一下。

b. 双手伸出食指搭出"人"字形。

> 补充说明

该手势为聋人群体内部约定俗成的打法,意为听力不好和言语有障碍。

a　　　　　　b

聋人(打法2)

> 打法　详解

a. 一手伸食指,指尖在耳部和嘴前各贴一下。

b. 双手伸出食指搭出"人"字形。

> 补充说明

有人认为这种打法比起用小指指耳朵和嘴更能体现对聋人的尊重。

7. 健听人

a　　　　b

健听人

打法详解

a. 一手拇指伸直,指尖在耳部和嘴前各贴一下。
b. 双手伸出食指搭出"人"字形。

补充说明

该手势为聋人群体内部约定俗成的打法,意为听力和言语正常。

8. 听

听

打法详解

一手手掌直立,指尖朝上,拇指稍内收,虎口贴于耳部如倾听状。

补充说明

该手势非常形象,听人也能理解。

9. 说

说

打法详解

一手食指横伸,其余四指握拳,食指放置于嘴前转动几下。

补充说明

该手势非常形象,听人也能理解。

10. 语言

语言

打法详解

一手食指横伸,其余四指握拳,食指放置于嘴前转动几下。

补充说明

该手势为模拟说话的样子,也表示"说""讲话"。

11. 交流

交流

打法详解

双手五指撮合,掌心朝上,左右平行交替转动几下。

补充说明

该手势通过模拟交换意见的动作过程来表示交流。

12. 手语

手语

打法详解

双手手掌侧立,五指张开,掌心相对,交替转动几下,如比画手语状。

补充说明

国际手语中的"手语"也是这样打。

13. 翻译

翻译

打法详解

一手食指、中指伸直分开,指尖朝上放于嘴前,其余三指握拳,掌心朝外,然后翻转一下使掌心朝向自己。

补充说明

该手势由"变化"的手势引申而来,将"变化"打在嘴前,表示语言的转换即翻译。

14. 看唇

a　　　　　b

看唇

打法详解

a. 一手食指、中指伸直分开,指尖朝前,其余三指握拳,掌心朝下,放于眼前,然后往前移动。

b. 一手食指围绕嘴部转一圈。

补充说明

该手势实际上即"看-口"。

15. 笔谈

笔谈

打法详解

左手手掌平摊,掌心向上;右手作握笔状置于左手掌心上,并前后来回动几下。

补充说明

该手势的理据为模拟在纸上写字与对方交换观看的动作。

16. 助听器

助听器

打法详解

一手拇指、食指弯曲成半圆形,搭在耳郭上,其余三指握拳。

补充说明

该手势通过模拟最常见的耳背式助听器的外形来表示助听器。

17. 电子耳蜗

电子耳蜗

打法详解

一手拇指、食指弯曲成圆形,贴于耳后颅骨上。

补充说明

该手势为模拟电子耳蜗体外部件——感应线圈。

18. 康复

a b

康复

打法详解

a. 双手五指并拢,掌心贴于胸部两侧,往下移动并伸出拇指。

b. 双手直立,掌心朝外,然后边向前做弧形移动边翻转为掌心向内。

补充说明

该手势为汉语词"康复"的仿译。

19. 训练

训练

打法详解

左手横伸,掌心朝上;右手平伸,掌心、手背在左手掌心上交替蹭一下。

补充说明

该手势也表示"反复""重复"。

20. 模仿

模仿

打法详解

双手拇指、食指搭成"十"字形,同时向一侧移动一下。

补充说明

该手势为借用靶心的十字表示精确不变地照搬过来。

21. 安静

　　a　　　　　b

安静

打法详解

a. 一手五指并拢横伸,手背向上,然后从胸部往下一按。

b. 双手五指微曲,指尖朝上,边从上向下微移动边撮合,面露舒缓的表情。

补充说明

该手势的第二个动作表示"宁静""寂静"之意。

22. 默剧

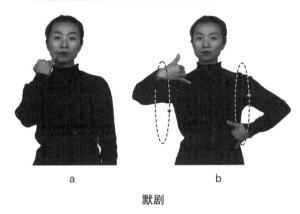

默剧

打法详解

a. 一手伸小指,指尖放在嘴角。

b. 双手伸拇指、小指,手背向外,前后交替转动两下。

补充说明

该手势的第一个动作意为不说话、不出声,第二个动作意为表演。

23. 表情

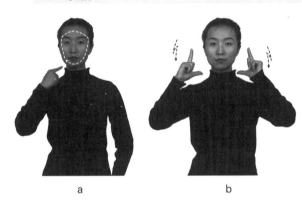

表情

打法详解

a. 一手伸食指,围绕脸部转一圈。

b. 双手拇指、食指伸直分开,放在脸侧,掌心朝外,虎口相对,左右交替移动几下。

补充说明

该手势第二个动作还可以表示模样、样子、态度等。

24. 水平高

水平高

打法详解

左手手掌横伸,掌心向下;右手手掌拍一下左手手背,然后往上移动并伸出拇指。

补充说明

该手势即"本领好"。"水平低"的打法与之类似,只是将第二个动作改为伸小指即可。

25. 文化

文化(打法1)

打法 详解

左手手掌平摊,掌心朝上;右手伸拇指、食指、中指,食指、中指伸直并拢,在左手掌心上划动两下。

补充说明

该手势为模拟笔在纸上书写状。

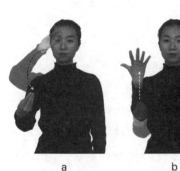

文化(打法2)

打法 详解

a. 一手五指撮合,指尖朝前,撇动一下,如执毛笔写字状。

b. 一手五指撮合,往上移动并张开五指。

补充说明

该手势的第一个动作为模拟用毛笔书写的样子,第二个动作为借用"化"的同音字"花"。

26. 残联

a-1   a-2

打法详解

a. 双手手掌交替在对侧手臂的上部划一下。

b. 双手拇指、食指互相套环,平行转动一圈。

补充说明

该手势为汉语词"残联"的仿译。

b

残联

27. 聋协

聋协

打法详解

a. 一手小指伸直,指尖在耳部和嘴前各贴一下。

b. 双手弯曲食指并相互勾住。

补充说明

该手势为汉语词"聋协"的仿译。

28. 干部

干部

打法详解

a. 左手食指、中指伸直张开,指尖向右,其余三指握拳;右手伸出食指与左手两指搭成"干"字形。

b. 右手打字母"B"的指式。

补充说明

该手势中"干"为仿字,"部"为指拼。

29. 主席

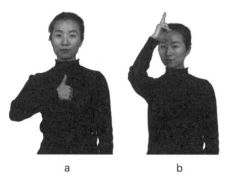

主席

打法详解

a. 一手伸出拇指,其余四指握拳,掌心贴于胸部。

b. 一手伸出拇指、食指、中指,其余二指握拳,食指、中指伸直,拇指指尖抵于前额。

补充说明

该手势的第一个动作表示"主",在"主持""主任"等词中也会用到。第二个动作即"领导"。

30. 残疾证

a-1　　a-2

b

残疾证

打法详解

a. 双手手掌交替在对侧手臂的上部划一下。

b. 左手手掌平摊，掌心向上；右手虚握，虎口朝上，在左手掌心砸一下，如盖章状。

补充说明

该手势的第一个动作是用肢残人来指代全体残疾人，第二个动作是以盖章的动作来表示"证件"。

31. 福利

a　　　　　b

福利

打法详解

a. 一手五指张开，掌心贴胸部逆时转动一圈。

b. 一手拇、食指弯曲，指尖朝内，抵于下颏。

补充说明

该手势第二个动作为"利"的谐音字"李"。

32. 活动

a　　　　　b

活动

打法详解

a. 一手食指直立，其余四指握拳，食指一面以自身为轴旋转，一面向上移动。

b. 双手握拳，放于身前，交替转动几下。

补充说明

该手势为汉语词"活动"的仿译。

33. 俱乐部

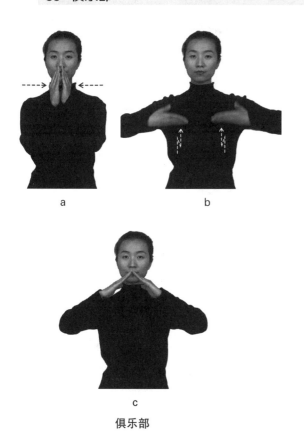

俱乐部

打法详解

a. 双手直立，五指微曲，掌心左右相对，从两侧向中间移动。

b. 双手手掌横伸，指尖相对，掌心向上，上下扇动几下。

c. 双手五指并拢，手掌伸直，指尖互搭成"∧"形。

补充说明

该手势为汉语词"俱乐部"的仿译。

34. 中心

中心

打法详解

a. 左手拇指、食指捏成圆圈，右手食指伸出，置于左手圆圈上，搭成"中"字形。

b. 双手拇指、食指搭成心形，放置于胸口。

补充说明

该手势为汉语词"中心"的仿译。

35. 就业

就业

打法详解

a. 左手手掌平摊，掌心朝上；右手食指弯曲，其余四指握拳，从上至下落于左手掌心。

b. 左手食指、中指、无名指、小指直立，指尖向上，拇指弯向掌心内，掌心朝内；右手食指置于左手四指根部外侧。

补充说明

该手势为汉语词"就业"的仿译，其中第二个动作为"业"的仿字。

36. 机会

机会

打法详解

a. 双手五指张开并微曲，互插入对侧指缝，掌心朝向自己，然后双手五指同时向下微动。

b. 双手拇指伸直，其余四指往前微曲，掌心分别向左右斜前方，然后除拇指外的其余四指同时相对弯曲几下。

补充说明

该手势为汉语词"机会"的仿译。

37. 平等

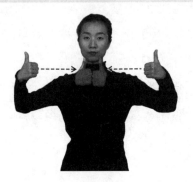

平等

打法详解

双手伸出拇指，指尖向上，其余四指握拳，从两侧向中间移动，直至互碰，掌心朝向自己。

补充说明

该手势为模拟两个人地位对等、高度同等的样子。

38. 障碍

障碍

打法详解

左手手掌侧立,指尖朝前,掌心向右;右手手掌横立,向左移动,直至指尖触碰左手掌心。

补充说明

该手势通过模拟碰壁的样子来表达障碍。

39. 问题

问题

打法详解

一手食指伸出,指尖朝前,然后在空中写一个问号。

补充说明

该手势为采取书空问号的方式来表达问题的概念。

40. 解决

解决

打法详解

双手手背呈拱起状,指背相对,分别向两侧扒动一下。

补充说明

该手势巧妙地结合了一定的表意因素。

41. 方便

方便

打法详解

右手拇指、食指捏成小圆圈,向下晃动两下。

补充说明

该手势还可以表示"简单""便捷""便利""单纯"之意。

42. 麻烦

麻烦

> **打法详解**
>
> 一手五指张开微曲,掌心朝向自己,罩住口鼻并点动几下。
>
> **补充说明**
>
> 该手势为借用脸上的"麻子"来转指麻烦。

43. 误会

误会

> **打法详解**
>
> 双手拇指、食指指尖捏合成小圆圈,其余三指自然微曲,置于眼前,然后左右交换位置。
>
> **补充说明**
>
> 该手势看起来很像两只眼睛互换的样子,也有"误解"之意。

44. 共同

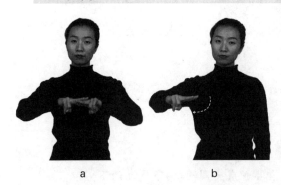

共同

> **打法详解**
>
> a. 双手食指、中指伸直分开,掌心朝下,互搭成共字,其余三指握拳。
> b. 一手食、中指横伸分开,手背向上,向前移动一下。
>
> **补充说明**
>
> 该手势的第一个动作为"共"的仿字,表示是大家所共有的。

45. 权利

权利

打法详解

a. 右手五指张开微曲，虎口朝上，在胸前平转一圈，然后捏拳。

b. 左手平伸；右手伸拇指、食指，食指划一下左手掌心往后缩回，双手同时向内移动。

补充说明

该手势为汉语词"权利"的仿译。

46. 专家

专家

打法详解

a. 左手食指伸出，指尖朝前，其余四指握拳；右手五指张开，掌心向下并贴于左手食指根部，然后向前移动的同时收拢五指。

b. 双手五指并拢，手掌伸直，指尖互搭成"∧"形。

补充说明

该手势为汉语词"专家"的仿译。

47. 明星

明星

打法详解

a. 一手拇指、食指捏成小圆圈，其余三指伸直，指尖抵于耳前。

b. 一手拇指、食指搭成"十"字形，其余三指握拳，在头部上方一顿一顿地移动几下。

补充说明

该手势的第一个动作意为闻名、著名，第二个动作意为星星。

48. 环境

环境

打法详解
右手伸出食指,指尖向下平转一圈。

补充说明
环境可以理解为一个空间,因此用画圈来表示。

49. 榜样

榜样

打法详解
左手伸出拇指,指尖朝上,其余四指握拳;右手手掌侧立,掌心向内,指尖向前对准左手拇指。

补充说明
该手势通过模拟大家向某个人看齐的样子来表示榜样。

50. 出名

出名

打法详解
一手拇指、食指捏成小圆圈,其余三指伸直,指尖抵于耳前。

补充说明
该手势是在"名字"的基础上变化而来的,将名字放在耳朵旁边,即闻名、出名。

第三节 句子学习

扫描二维码
观看微课视频

1. 对不起,我是聋人,听不到你讲话。 对不起/我/聋,你/说话/指(耳朵)/听不见/摊手。	**学习提示** "听不见"的手势为手掌在耳朵处从前往后拂动。
2. 我有许多朋友,其中既有健听人,也有聋人。 我/朋友/多,健听/有,聋/有。	**学习提示** 本句中,健听人和聋人分别用不同的空间点来表示,同时,分别利用右手和左手打出。

(续表)

3. 你的手语打得太快了，我看不懂。你能慢点吗？ 你/手语/快,我/看/糊涂,你/手语/慢/可以?	学习提示 1. "糊涂"的手势也可以表示迷惑、混乱、茫然等。 2. 注意动词"看"有方向性。
4. 我很愿意教你学手语。 教(自身→对方)/你/手语/我/愿意(点头)。	学习提示 1. 注意动词"教"有方向性。 2. 打"愿意"时配合点头的动作,进一步强化肯定的意味。
5. 手语是聋人自己的语言。 手语/是/聋/自己/语言。	学习提示 "手语"在本句中是谈论的主题,因此放在句首。
6. 如果你需要,可以申请手语翻译服务。 如果/你/需要,手语/翻译/服务/申请/可以。	学习提示 "手语翻译服务"作为主题放在前面,然后打"申请",最后打"可以",表示前面这种做法是可以的。
7. 除了听,聋人什么都能做。 听/除外,聋/全部/做/能。	学习提示 "除外"的手势是模拟将某件东西放在一旁不管的动作。
8. 你戴了助听器吗？我说话你能听清楚吗？ 你/助听器/有? 我/说话/你/听/清楚/可以?	学习提示 1. "助听器"的手势是以最常见的耳背式助听器来代表的。 2. 本句将"我说话"放在前,"你听"放在后,是因为从时间顺序上讲,先有说,然后才有听。
9. 电子耳蜗手术费用昂贵,你要好好考虑是否做。 电子耳蜗/手术/钱/贵,你/考虑/好。	学习提示 1. "电子耳蜗"的手势为模拟头上戴着感应线圈(电子耳蜗部件之一)的样子。 2. "考虑"的手势与"想"非常相似,只是手形换成 K 手形,因为"考"的声母是 K。
10. 《千手观音》中,邰丽华担任领舞。 千手观音/邰丽华/负责/领-舞。	学习提示 1. "千手观音"的手势运用了该舞蹈最有标志性的动作来表达。 2. 邰丽华因善跳孔雀舞而出名,所以她的手语名字是"孔雀"。 3. "负责"的手势为右手手掌轻拍左肩,表示由自己来承担。
11. 他是听人,但手语非常棒,因为他的父母是聋人。 他/健听/手语/水平好,为什么? 哦/他/父-母/聋。	学习提示 1. "水平好"的手势为右手手掌打一下左手手背然后伸出拇指。据此可类推"水平差"的打法,即右手手掌打一下左手手背然后伸小指。 2. 聋人经常使用自问自答的方式来形象地表达意思,如本句中的"为什么"。
12. 你觉得今天残联活动的手语翻译怎么样？ 你/觉得/指(那边)/残-联/活-动/手语/翻译/好不好?	学习提示 本句中以直接指示的方法表明手语翻译所在的位置,也有引起话题的作用。

（续表）

#	句子	学习提示
13.	我的梦想是聋人能与听人一样平等共处。 我/梦想/健听/高度/聋/高度提升/平等。	1. 注意在本句中，先给"健听人"和"聋人"各自定了一个空间点，然后打"聋人地位提升，达到二者平等的境界"，非常形象。 2. "平等"的手势为模拟两个人地位对等状。
14.	那家福利工厂有50多名聋人职工。 指(那里)/福利/工-厂/工作/聋/50/多。	1. "福利"和"工厂"的手势为汉语词的仿译。其中"利"是借助谐音字"李"的打法，"工"为仿字，"厂"为书空。 2. "职工"在本句中没有直接打出，但不妨碍意义的表达。
15.	如果有困难，就去残联二楼找吕主席，他会帮忙解决。 如果/困难/去/残-联/二楼/找/吕/主席,他/会/帮忙(自身→对方)/解决。	1. "二楼"的手势为一手握拳，另一手比数字二放于其上。"一楼、三楼、四楼"等概念的手势也可以照此类推。 2. 注意动词"帮助"有方向性。
16.	康复中心的老师每天下午都给孩子们上课，教他们说话和读唇。 康-复/中-心/教-师/每天/下午/教(自身→第三方)/小孩/上课,教/2/第一/说话/第二/看/口语。	1. "康复""中心""教师"的手势为汉语词的仿译。 2. 注意动词"教"和"看"有方向性。 3. 本句最后一个手势意为"口语，口型"。
17.	别害羞，勇敢地去和聋人朋友用手语交流吧。 害羞/不,勇敢/和/聋/手语/交流。	"别害羞"的打法为"害羞/不"，主题在前，否定在后，意为劝说对方不要害羞。
18.	周三上午，我们在公园相聚，举办手语角活动。 星期三/上午,我们/公-园/聚集,办/手语-角。	1. "公园"的手势为汉语词"公园"的仿译。 2. "办"的手势为双手轮流拍打另一手的手背，这个手势也有"办事"之意。
19.	无障碍环境对聋人来说非常重要。 无/障碍/环境/对/聋/重要++。	1. "无"的打法为双手拇指与其余四指圈成小圆圈微晃，如"O"状。 2. 打"重要"时，力度加重，连打三次，表示强调。
20.	聋人是语言和文化上的少数群体。 健听-人/大圈子/聋-人/少/小圈子,指(小圈子)/语言/文化/少-数/群体/是。	1. 本句非常直观地体现了健听人人数众多，而聋人作为少数群体存在于这个大圈子之外的状态。 2. "群体"的手势第一个动作为仿"众"字，第二个动作为五指向下收拢并撮合，如群体聚集状。

第四节　会话学习

扫描二维码
观看微课视频

―――――【会话1　学习手语】―――――

A：他打手语你能看懂吗？ 　（挥手示意）他/手语/你/看（对方→第三方）/懂？ B：很多我都看不懂，他打得很快，很复杂，我不明白什么意思。 　他/手语/我/糊涂，快/复杂，我/不知道/意思/摊手。 A：没关系的，你不要着急，慢慢来。 　没关系，你/着急/不，耐心。 B：我总是记不住手语词呀，学过的词老忘记。 　词+++/记得/不行+++，学+++/完了/忘记。 A：很正常，慢慢来，你跟我在一起就打手语，多多练习，还有，学过的手语你要经常复习，如果有不会的，你就问我。 　正-常，慢-慢/来，我们俩/碰面/手语/多/练习，还/手语/学/完了/多/复习/常常/要，如果/不知道/问（对方→自身）。 B：对了，学了手语之后，是不是还要了解一些聋人的文化？ 　（挥手示意）手语/学/完了，聋/文化/了解/要？ A：需要的。比如说，聋人鼓掌不是拍巴掌，而是"舞掌"，这是因为听人能听到拍巴掌的声音，而聋人听不到，需要看到挥舞的手掌才能明白。世界各地的聋人都用舞动双手来表示"欢迎"。 　要。像/说，指（那）/健听/鼓掌，我/聋/换/舞掌，为什么？指（那）/健听/听/能，我/聋/听/摊手，看/舞掌/明白。世界/聋/舞掌/表示/欢迎。 B：哦，原来如此！ 　哦/明白。 A：一方面要学好手语，另一方面还要了解手语背后的文化，做到这两点，你就能和聋人成为朋友啦！	注意动词"看"有方向性。 "不知道"是"知道"的特殊否定形式。 "耐心"的手势为手掌在胸前往下按，然后打"心"。 此处的宾语前置反映了手语主题在前，说明在后的语序。"词"和"学"的手势重复若干次，表明学习了许多手语词。 "常常"的手势为右手食指与中指伸直，其余三指握拳，在额角往外挥动。注意动词"问"有方向性。 手语长于举例诠释，因此"比如说"是聋人手语中经常用到的一个短语。"表示"的手势是双手L手形放于脸侧，同时向外移动。

（续表）

（挥手示意）2/第一/学/手语,第二/了解/手语/文化,第一/第二/都/做-到,你/和/聋-人/做/朋友/可以! B：谢谢你的鼓励,我有信心! 　　谢谢/你/鼓励/我,我/信-心/有。	本句以数字2手形表示需要注意的两个方面。在此基础上,"两者都要做到"就可以很直观地呈现出来。 "鼓励"的手势为左手比Y手形,右手食指从下自上击打其底部,如鞭策某人状。"信心"的手势为汉语词的仿译。

【会话2　会场偶遇】

A：你好!你是聋人吗? 　　（招手致意）聋/你? B：是。你也是聋人? 　　是,你/一样? A：是的,我是"聋青"毕业的。 　　是,我/聋青/毕业/是。 B：哎,你这个手势是什么意思? 　　（困惑状）聋青/什么? A：这个手势的意思是"上海聋哑青年技术学校"。对了,你的手语和我们有点不一样呢,你是上海人吗? 　　聋青/意思/是/上海/聋哑/青年/技术/学-校。（诧异状）我们俩/手语/不同,你/籍贯/上海/是? B：我是杭州人,来上海是参加培训。 　　（摇头）我/籍贯/杭州,来/这/上海/培训。 A：原来是这样。台上那个翻译打的是上海手语,你看得懂吗? 　　哦/看（对方→第三方）/指（那边）/站在台上/翻译,上海/手语/看（对方→第三方）/懂? B：能懂。那个翻译的手语还不错,就是表情不太丰富,再夸张点就好了。 　　（点头）我/看/懂。指（第三方）/手语/不-错,但是/手语/表情/一点点/不够,如果/夸张/好。 A：她在我们单位工作,老公是聋人,而且她有很多聋人朋友,平时经常接触。 　　指（第三方）/在/我/单位/工作,指（第三方）/丈夫/聋,朋友/聋/多,常常/接触+++。	"你是聋人吗"用"聋"和"你"两个手势配合疑问的面部表情即可呈现,非常简洁。 本句中的"聋青"是上海聋人在使用中约定俗成的手势简称。这个手势的本意是鹤,因为该校的创始人是陈鹤琴先生,故以人名转指校名。 "上海聋哑青年技术学校"是该校的全名,在这里以仿译的方式逐词打出。 "杭州"的手势为当地聋人习惯的打法。注意动词"来"有方向性。 "站在台上"运用Y手形作为人的类标记。注意动词"看"有方向性。 "不够"的手势为拇指、食指相捏,碰向左胸部的同时张开五指。这是"够"的特殊否定形式。"夸张"的手势是在"样子"的基础上稍加变化而来。 "单位"的手势是右手手掌伸直,中指指尖抵于左手掌心并微微转动手掌。"接触"的手势在这里表示人与人之间常常往来,关系亲近。

(续表)

B：难怪她手语这么好。她有孩子吗？ 　　哦/手语/不-错。她/生/孩子/有？ A：有一个6岁的儿子，小家伙手语也不错，可以帮爸爸做翻译呢。 　　有，她/儿子/年龄/6，手语/不-错，常常，帮助（自身→第三方）/爸爸/翻译/能。 B：太厉害了，他是我家孩子学习的榜样！ 　　厉害，指（第三方）/我/孩子/榜样/模范。	注意动词"帮助"有方向性。 "榜样"的手势为左手伸拇指，右手手掌侧立，指尖对准左手，表示效仿学习。

第五节　聋人文化专题——灿若群星的优秀聋人

"除了听，聋人什么都能做。"这不仅是美国聋人大学校长提出的响亮口号，也是被历史一次又一次证明的真理。

聋人中不乏闻名世界的优秀代表，如美国盲聋人海伦·凯勒、发明大王爱迪生、德国著名音乐家贝多芬等。在当代，1987年，失聪演员玛丽·玛特琳获第59届奥斯卡最佳女主角奖；2000年，聋人运动员泰伦斯·帕金在悉尼奥运会上获男子200米蛙泳银牌；2008年，失聪的兰斯·奥尔雷德成为美国NBA球员……

在中国，优秀聋人的事迹也不胜枚举。

祖振纲是我国聋人出国留洋的第一人。他出生于1925年，自幼失聪，于23岁时远涉重洋来到加劳德特大学读书，毕业后响应周总理的号召回国，投身聋教育事业。像他这样为聋教育做出巨大贡献的老一辈聋人还有许多，如创办聋校的龚宝荣、于孝纯、王振道、孙祖惠、何玉麟，参与制定新中国聋教育课程计划的洪雪立，上海第一聋哑学校（后更名为上海聋哑青年技术学校）校长的戴目，特级中学教师梅芙生等。

由于聋人具备视觉优势，对色彩和形象非常敏感，因此，相当大的一部分聋人从事美术、雕塑、摄影、服装设计等相关职业，其中不乏创造行业奇迹的佼佼者，如中国美术家协会会员、全国政协委员高晓笛，全国政协委员于兵，高级工艺美术师、全国五一劳动奖章获得者洪泽，电影《聆听寂静》的主人公原型、聋人画家史晓慧等。

在其他领域，取得杰出成就的聋人也大有人在。李颖、杨军辉、郑璇等人获得博士学位之后又投身聋教育与手语研究，以自身所学造福聋人。石城川、邱浩海、张龙、田野等聋人创业者扬帆商海，与健听人平等竞争。赵晓东、张珺等运动健将在聋奥会、亚太听障运动会上取得累累硕果。文艺界不仅有邰丽华、高晓笛、姜馨田这样成名已久的"大家"，也有魏菁阳、张天娇、汪伊美等"新秀"。众多优秀聋人的事迹,不仅让聋人青少年看到了希望,深信"除了听,聋人什么都能做",也给许多健听人带来了"正能量",激励着他们奋勇前行。

附录
手势动作线图解符号

用于辅助说明手语动作方式、方向和顺序的线条、箭头、序号。

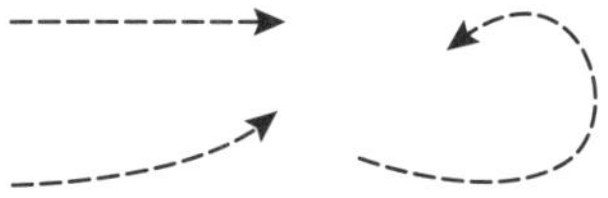 （沿箭头方向做直线、弧线或圆周运动的图示）	表示沿箭头方向做直线、弧线或圆周运动。
 （沿箭头方向做曲线或折线移动的图示）	表示沿箭头方向做曲线或折线移动。
 （向同一方向重复移动的图示）	表示向同一方向重复移动。
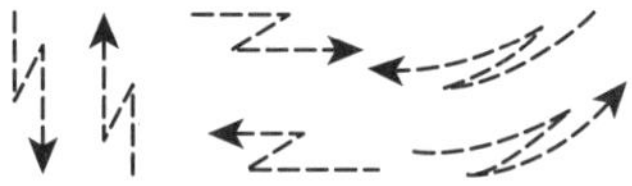 （双手或双指同时向相反方向交替或交错移动的图示）	表示双手或双指同时向相反方向交替或交错移动。
 （上下或左右、前后来回移动的图示）	表示上下或左右、前后来回移动。
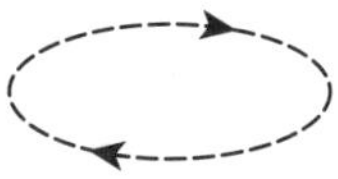 （沿箭头方向反复转动的图示）	表示沿箭头方向反复转动。
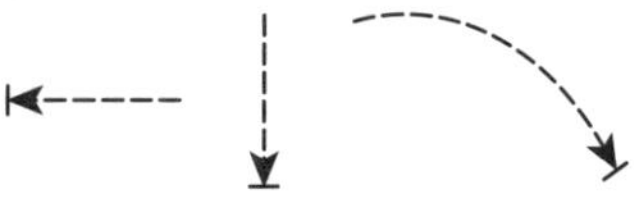 （沿箭头方向移动并一顿，或到此终止的图示）	表示沿箭头方向移动并一顿，或到此终止。

← - - - ← - - - ← - - -	表示手指沿箭头方向一顿一顿移动。
∧∧∧∧∧∧∧	表示手指交替点动、手掌抖动或手臂颤动。
✕	表示双手先相碰再分开。
✕ ✕	表示拇指与其他手指互捻。
↓ → ↗	表示手指沿箭头方向边移动边捏合。
⬬	表示手指沿箭头方向收拢但不捏合。
⋈	表示双手沿箭头方向同时向相反方拧动，并向两侧拉开。
①②③④	表示握拳的手按顺序依次伸出手指。

中国手语的汉语转写方案[①]

《中国手语的汉语转写方案》是以手语语言学基本概念为基础设计的用汉语书面语记录中国聋人手语的转写体系。本方案适用于手语研究者和与聋人相关诸领域的研究者或教育工作者。欢迎使用并提出宝贵意见。

一、转写表

手语类别	汉语转写法说明	汉语转写示例
普通词	记作汉语释义词。在文中单独举例时可外加双引号，以示区别。复合词(包括仿译的汉语成语)各语素间可用"-"连接。	学习 中国手语，或：中国-手语 狐假虎威，或：狐-假-虎-威
词界	记作"/"。	学习/中国-手语
手指拼写	记作相应的小写汉语拼音字母和相应的汉语字词，后者写在"( )"里；外文单词字母、科学公式符号和数字记作相应符号或数字，转写法以相应书写习惯为依据。	zhe(着) David H_2O 2+3=5
词头起首字母缩略语	记作相应的大写汉语拼音字母，后加"( )"，内写所代表的汉语词；非专指时，注明"指某人(或某事物)"。	LL(理论) YW(因为) MZD(毛泽东) ZH(指张老师)
仿字(含仿字兼书空、省形的仿字)和书空	记作相应汉字，外加单引号；可后加"( )"说明。如需区别仿字和书空，后者可在字后加上小写"s"。如需区别仿字兼书空，可在字后加上小写的"fs"。	工人，或：工-人 厂房 王(指王老师) 了，或：了 s 厅，或：厅 fs

---

[①]《中国手语的汉语转写方案》由龚群虎、杨军辉于 2003 年 6 月转写。

(续表)

手语类别	汉语转写法说明	汉语转写示例
借字音	写作被借音字,释义附后"()"中。	某些手语方言词: 下五(午) 一四(意思) 主一(义)
重复	表示长期、反复、持续动作或名词的复数的重复,后加"++";重复两次以上,则记作"+++"。	来++ 读++ 椅子+++
手势的保持或拖长	记作后加的"---",如过长则记作"-----"。	风景/美---。 慢-----
指示词	指人、事物或方位,用"指"后加带"()"的注释。	指(自身)、指(对方,复数)、指(第三方);指(这个)、指(那些);指(这里),指(那里);指(上),指(下),指(前),指(后)。
方向	记在动词后的括号"()"里,必要时用"→"标明起点与终点。	"看(自身←对方)""帮助(对方→第三方)"
句子	句子外加"[ ]",常用的"陈述""疑问"和"祈使或语气加重"可分别用汉语标点符号"。""?"和"!"表示;复合句内部单位可外加"[ ]"分句间可用","分隔。句(或词组)中的词界为"/"。可省"[ ]"。	[踢足球/喜欢,打篮球/不喜欢]。 或:踢足球/喜欢,打篮球/不喜欢。 (译文:(我)喜欢踢足球,不喜欢打篮球。)
类标记(classifier)	类标记必要时可注明手形。手形优先选用手指字母及仿字,其次为语言描述。	"拿杯子(C 手形)" 病人/倒下(侧 Y 手形)
区别性面部表情或体态等标记	在"[ ]"右上角,用相应的上标文字标出("陈述""疑问"和"语气加重","否定""话题""设问"等,也可直接用"点头""摇头""扬眉""皱眉""睁眼""眯眼"等)。常用的"陈述""疑问"和"语气加重"可分别用汉语标点符号"。""?"和"!"表示,"[ ]"省略。	1.女人/长/头发/指(第三方),认识? (汉译:你认识那位长头发的女人吗?) [帮助(自身→对方)/不]^{否定} (汉译:不帮你。) 2. [长鼻子]^{话题}/奇怪。 (汉译:长鼻子,大家觉得奇怪。) 3. [买/干什么]^{设问},送/朋友。 (汉译:为什么买? 是要送给朋友。)
姿势动作	描述动作,外加括号"()"。	(耸肩) (摆手) (双手交替拨开人群)

(续表)

手语类别	汉语转写法说明	汉语转写示例
口型动作	描述口型,外加括号"( )"。	(张口,同时摊开双手) ("去"口型,同时扬起头) ("呸"口型,同时低头)
视线变换	用语言描述,外加括号"( )"。	(视线左移) (视线下移) (视线及上体左移)
例句(或词组) 1. 女人/长/头发/指(第三方),认识? 或者:[女人/长/头发/指(第三方)]^{话题},认识? (汉译:你认识那位长头发的女人吗?) 2. 彭-浦-'区'/电影-院/没有? (汉译:彭浦区没有电影院吗?) 3. '介'(自身→对方),指(自身)/虹口-'区'/残-联,指(第三方)/FD(复旦)-大学/教。 (汉译:给你介绍一下,我在虹口区残联(工作),他在复旦大学教书) 4. 指(对方)/接近/聋/做/什么? (汉译:你为什么接近聋人?) 5. 中国-手语/语-言-学/研究 (汉译:中国手语语言学研究) 6. 老师/批评+++/指(第三方)。 (汉译:老师狠狠地批评了他/她。)		

二、说明

1. 宽式转写法可不注明手指语、仿字、书空及复合词等。

2. 区别性面部表情体态(nonmanuals)的标记法在括号后,主要考虑书写排印的方便;如希望用学界习惯标记法,也可记在该行的上方(另占一行,用下画线表示作用域)。

3. 主要参考文献:

(1) 傅逸亭,梅次开. 聋人手语概论[M]. 上海:学林出版社,1986.

(2) 史文汉,丁立芬. 手能生桥[M]. 台湾:手语研究会,1989.

(3) 中国聋人协会. 中国手语[M]. 北京:华夏出版社,1990.

(4) Edward S. Klima, Ursula Bellugi, et al. (ed). The signs of language [M]. Cambridge, MA: Harvard University Press, 1979.

(5) Rachel Sutton-Spence, Bencie Woll. The linguistics of British sign language: an introduction [M]. Cambridge: Cambridge University Press, 1999.

(6) Clayton Valli, Ceil Lucas. Linguistics of American sign language: a resource text for ASL users [M]. Washington, D.C.: Gallaudet University Press, 1992.

主要参考文献

书籍：

1. 中国聋人协会,国家手语和盲文研究中心.国家通用手语词典[M].北京:华夏出版社,2019.
2. 中国聋人协会.中国手语[M].北京:华夏出版社,1990.
3. 张宁生.聋人文化概论[M].郑州:郑州大学出版社,2018.
4. 张宁生.手语翻译概论[M].郑州:郑州大学出版社,2009.
5. 杨军辉,吴安安.中国手语入门[M].郑州:郑州大学出版社,2014.
6. 游顺钊.视觉语言学概要[M].北京:商务印书馆,2014.

论文：

1. 郑璇.中国手语的语言地位(Ⅰ)[J].听力学及言语疾病杂志,2009,17(06):578-581.
2. 郑璇.中国手语的语言地位(Ⅱ)[J].听力学及言语疾病杂志,2010,18(01):57-58.
3. 郑璇.双语聋教育中的语言学问题[J].听力学及言语疾病杂志,2011,19(05):448-450.
4. 龚群虎.聋教育中手语和汉语问题的语言学分析[J].中国特殊教育,2009,(03):63-67+37.